PFARRGEMEINDERAT UND KIRCHENVORSTAND
DER KATHOLISCHEN PFARREI HERZ-JESU
BERLIN-ZEHLENDORF (HG.)

100 JAHRE HERZ-JESU-KIRCHE ZEHLENDORF

BERLIN STORY VERLAG

IMPRESSUM

Deutsche Nationalbibliothek – CIP-Einheitsaufnahme

Pfarrgemeinderat und Kirchenvorstand der katholischen Pfarrei Herz-Jesu
Berlin-Zehlendorf (Hg.):
100 Jahre Herz-Jesu-Kirche Zehlendorf
1. Auflage – Berlin: Berlin Story Verlag 2008
ISBN 13: 978-3-86855-003-0

Festschrift zum 100. Jubiläum der Kirchweihe
der Herz-Jesu Kirche in Berlin-Zehlendorf im September 2008

Herausgeber . . . . Pfarrgemeinderat und Kirchenvorstand der
katholischen Pfarrei Herz-Jesu Berlin-Zehlendorf
Riemeisterstraße 2
14169 Berlin

Schriftleitung . . . . Hermann Puff, Martin Surma

Texte:
Vorwort . . . . Hermann Puff
Herz Jesu Zehlendorf –
Die ersten 57 Jahre einer
Großstadtgemeinde . . . . Dr. Norbert R. Adami
Die jüngsten 43 Jahre –
Von Pfarrer Adamski bis heute;
Ein Zitat aus dem Jahr 1908 (Überarbeitung);
Die Herz-Jesu Kirche – Baubeschreibung
und Kirchenrundgang;
Die neue Kleuker-Orgel in Herz-Jesu;
Die Priester der Gemeinde Herz-Jesu . . . . Martin Surma
St. Otto in Berlin-Zehlendorf – Der Weg der
Neugründung im Zehlendorfer Süden. . . . . Dr. Anton Markmiller

Fotos . . . . Siehe unter Quellenangaben

© Berlin Story Buchhandlung & Verlag, Unter den Linden 26, 10117 Berlin
Tel.: (030) 20 45 38 42, Fax: (030) 20 45 38 41, www. BerlinStory.de, E-Mail: Service@BerlinStory.de
Umschlag und Satz: Norman Bösch

HERZ-JESU.BERLINSTORY.DE

INHALT

VORWORT

Eine Chronik wird von Menschen geschrieben. Menschen haben Eindrücke und Sichtweisen.

Wir haben hier mehrere Einblicke in das Leben der Katholischen Pfarrei Herz Jesu dargestellt und hoffen, der geneigte Leser wird dies zu würdigen wissen.

Zuerst verweist Herr Dr. Norbert Adami in wissenschaftlicher Weise auf die Anfänge der Kirchengründung und schildert die Zeitenläufte anhand von Originalzitaten aus der Pfarrchronik bis zur Bestellung von Pfarrer Adamski.

Danach stellt Herr Martin Surma als „Zeitzeuge" die Entwicklung der Pfarrei von Pfarrer Adamski über Pfarrer Rudolf und Pfarrer Wöller bis zum heutigen Pfarrer Mertz dar.

Als Zeitdokument folgen die Errichtungsurkunde der Kuratie Herz Jesu und das Urteil gegen Kaplan Simoleit vor dem Volksgerichtshof. Kaplan Simoleit war vor seiner Priesterweihe Mitglied der Pfarrgemeinde und sein Schicksal in den Zeiten der Nazidiktatur hat viele in unserer Pfarrgemeinde tief bewegt.

Im nächsten Kapitel folgt zunächst der Bauplan der Kirche. Darauf eine Baubeschreibung sowie anschließend ein Kirchenrundgang. In diesem führt Herr Martin Surma den Leser vom Portalturm mit dem Haupteingang durch das Hauptschiff der Kirche, vorbei an Taufkapelle und Kanzel, Marienkapelle und Hochaltar zur Josephskapelle. Die Glocken der Herz-Jesu-Kirche leiten über zum Kapitel über die Kleuker-Orgel.

Ein Überblick über die Priester der Gemeinde Herz-Jesu findet sich im Anschluss an dieses Kapitel.

Herr Dr. Anton Markmiller gibt im Kapitel über die Gemeinde St. Otto in Berlin-Zehlendorf einen kurzen Überblick über der Weg der Neugründung der Gemeinde im Jahr 1955 bis hin zur Fusionierung der Ablegergemeinde mit Herz-Jesu.

An den Schluß haben wir eine persönliche Schilderung von Frau Renate Obermeyer über den Pfarrer Franz Rittau gestellt. Dabei wird die Zeit des Zweiten

Weltkrieges und die Nachkriegszeit in der Pfarrei Herz Jesu geschildert. Es handelt sich um eine sehr persönliche Darstellung, die wir hier sehr gerne als Würdigung des verstorbenen Pfarrers Rittau veröffentlichen.

Wenn es uns gelungen sein sollte, Ihnen einen kleinen Eindruck von 100 Jahren „Katholischem Geist" in der Pfarrei Herz Jesu zu geben, würde uns dies sehr freuen.

Hierbei möchten wir uns bei allen bedanken, die zum Gelingen dieser Chronik beigetragen haben. Der besondere Dank gilt Pfarrer Mertz, der dieses Projekt wohlwollend gefördert hat.

Ad multos annos Pfarrei Herz Jesu Zehlendorf.

Berlin, den 14. 7. 2008
Hermann Puff

HERZ JESU ZEHLENDORF

DIE ERSTEN 57 JAHRE EINER GROSSSTADTGEMEINDE

AUF DER GRUNDLAGE DER PFARRCHRONIK

DARGESTELLT VON

DR. NORBERT R. ADAMI

[Vorbemerkung]

In der zweitausendjährigen Geschichte des Christentums sind hundert Jahre nur ein bescheidener Zeitraum, und Zehlendorf erscheint winzig klein vor dem Hintergrund der riesigen Regionen der Erde, in denen das Wort des Herrn jeden Tag auf's Neue Leben und Gestalt gewinnt. Doch für uns, die wir der Gemeinde Herz Jesu in Zehlendorf angehören, bildet unsere Kirche, die heuer ihr hundertstes Weihejubiläum begeht, den Mittelpunkt unseres christlichen Lebens. Hier werden unsere Ehen geschlossen und unsere Kinder getauft, hier feiern wir Woche um Woche die heilige Liturgie, von hier nehmen unsere Prozessionen ihren Ausgang, und im Pfarrsaal oder im Pfarrgarten gleich neben dem Gotteshaus kommen wir zu frohen Gemeindefesten zusammen. Aber unsere Kirche ist auch der Ort, an dem wir von unseren Lieben Abschied nehmen, wenn sie ihren irdischen Lebensweg beschließen, vor dem Altar gedenken wir ihrer und finden Trost im Wort des Herrn, der ihnen und uns das ewige Leben verheißt.

Gerade ein freudiges Ereignis wie das Jubiläum, das wir begehen, bietet Anlass zur Rückschau und damit zur Erinnerung an all diejenigen, deren Wirken dazu beigetragen hat, unsere Kirchengemeinde zu einer lebendigen Gemeinschaft werden zu lassen.

Wie überall hat es auch in der Geschichte unserer Gemeinde Höhen und Tiefen gegeben. Neben die Zeiten der Freude sind solche der Schwierigkeiten und der Not getreten, aber immer wieder fanden sich beherzte Menschen, denen es mit Gottes Beistand gelang, das christliche Miteinander in Herz Jesu Zehlendorf fühlbar werden zu lassen. Die mühseligen Anfangsjahre wurden so überwunden, die Gemeinde überstand die schwere Zeit des Nationalsozialismus, und auch die Streitereien und Wirren im Gefolge der gesellschaftlichen Aufbrüche und Veränderungen in den 1970er und 1980er Jahren, die durch das Zweite Vatikanische Konzil ebenso für das Leben der Kirche manchen Wandel mit sich brachten, liegen lange hinter uns.

Für unsere Gemeinde hat dann das Ende des 20. Jahrhunderts noch einmal beträchtliche Neuerungen mit sich gebracht, denn die Gemeinde St. Otto, rund fünfzig Jahre zuvor aus Herz Jesu Zehlendorf hervorgegangen, wurde wieder mit der Muttergemeinde vereint. Der Fusionsprozess, den mancher mit Sorge betrachtet und vielleicht auch zunächst innerlich abgelehnt hat, ist inzwischen weit fortgeschritten, und mehr und mehr setzt sich erfreulicher Weise das Bewusstsein durch, dass wir alle zu einer Gemeinde gehören, die sich aufgehoben weiß in der Diözese Berlin, zu der sie gehört, und darüber hinaus in der Gesamtheit der katholischen Christenheit.

Im Folgenden sei nun ein kleiner Gang durch die Geschichte unserer Gemeinde unternommen. Natürlich sollen dabei die wesentlichen Fakten der historischen Entwicklung zur Sprache kommen, doch zugleich soll dieser Überblick auch einen Eindruck von den jeweils aktuellen Stimmungen vermitteln, die das Leben der Gemeinde bestimmten. Wie könnte das besser geschehen, als dadurch, Zeitzeugen zu Wort kommen zu lassen, und wer könnte, um von den Geschehnissen in unserer Gemeinde zu berichten, berufener sein als die Geistlichen, die hier ihren Dienst versahen. Über hundert Jahre haben sie die Chronik von Herz Jesu Zehlendorf geführt, und aus ihren Aufzeichnungen wird daher im Folgenden immer wieder Bemerkenswertes angeführt werden. Der Bearbeiter hat sich weitgehend darauf beschränkt, verbindende Texte einzufügen, um den Zusammenhang deutlich werden zu lassen, in den die einzelnen Äußerungen gehören.

Dabei ist der chronologischen Ordnung der Vorrang vor einer thematischen Gliederung gegeben worden, auch wenn einzelne Themen so nicht zusammenhängend, sondern verstreut über verschiedene Jahre behandelt wurden und manche Einträge ein wenig unvermittelt nebeneinander stehen. Die Lebendigkeit der Darstellung, die nicht zuletzt dem unterschiedlichen Naturell jener geschuldet ist, die die Pfarrchronik führten, wird dafür hoffentlich hinreichend entschädigen.

Die Kapitelgliederung für diesen Überblick ergab sich in Anbetracht der gewählten Form von selbst. Die größeren Abschnitte sind jeweils dem Wirken eines Pfarrers gewidmet.

DR. ADOLPH STREHLER

Dr. Adolph Strehler, zunächst Kurat, dann erster Pfarrer unserer Gemeinde, begann die Pfarrchronik mit einem kleinen Überblick über die Geschichte Zehlendorfs, der auch unserer Betrachtung über das Werden unserer Gemeinde vorangestellt sei:

Es war im Jahre des Heiles 1168. Da erhielt der Askanier Otto I., Sohn Albrechts des Bären, noch zu Lebzeiten des Vaters die Mark Brandenburg vom Kaiser als Lehen. Um sie dauernd seinem Hause zu sichern, verteidigte er sie nicht nur ununterbrochen gegen äußere Feinde, sondern suchte sie vor allem christlicher Religion, Kultur und Sitte zu erschließen. Zu diesem Zwecke berief er die Pioniere der christlichen Kultur in unserem Vaterlande, die Zisterziensermönche, in sein Land und gründete das Kloster Lehnin, zwischen Potsdam und Brandenburg gelegen.

Eine Legende berichtet darüber Folgendes: Der Markgraf sei einmal auf der Jagd vor Ermüdung in einen tiefen Schlaf versunken. Da sei ihm im Traume eine Hirschkuh erschienen und habe ihn unaufhörlich belästigt. Da der Hirsch bei den heidnischen Wenden als ein heiliges Tier galt, deutete der Fürst diesen Traum als eine Warnung vor der Gefahr, die ihm von Seiten der Ureinwohner drohte. Dagegen wollte er sich durch den Bau einer Festung schützen. Otto beschloss die Gründung eines befestigten Klosters. Dazu rief er 1180 aus dem nahen Kloster Sittichenbach die Mönche herbei. Sie nannten das neue Kloster Lehnin, (vom slawischen „lania" – „Hirschkuh") und stellten es unter den Schutz der Muttergottes.

1183 zog Abt Sibold mit zwölf Mönchen ein. Als sie von den Heiden mit dem Tode bedroht wurden, wollten sie fliehen. Da soll ihnen ihre himmlische Patronin erschienen sein mit dem Zuruf: „Redeatis nihil vobis decrit!" Ein altes Bild in der Klosterkirche von Lehnin bewahrt noch heute die Erinnerung daran auf.

Da nun die Wälder und Seen bei Cedelendorp (Zehlendorf) den Heiden sehr günstige Opferstätten boten, trachteten die Mönche danach, in der Mitte dieser Ortschaft eine christliche Niederlassung zu besitzen. Sie traten deshalb über den Ankauf des Vorwerkes Zehlendorf in Unterhandlungen mit den Markgrafen Johannes I. und Otto III., die zu gleicher Zeit regierten. Da diese gerade Geld brauchten, willigten sie gern darin ein. Der Kaufvertrag, die älteste Urkunde von Zehlendorf, stammt aus dem Jahre 1242. Ursprünglich lateinisch verfasst, ist er jetzt nur noch in einer deutschen Übersetzung aus dem 17. Jahrhundert im Kreisarchiv von Teltow erhalten. Er lautet der Hauptsache nach: „Das Dorf Cedelendorp mit sämtlichem Zubehör, nämlich einem slawischen Dorf Slatdorp und zwei Seen Slatsee und Tusen [Schlachtensee und Riemeister] und einem Walde, haben für 300 M Johannes und Otto dem Kloster Lehnin verkauft."

Zehlendorf ging also etwa in demselben Jahre, in dem Berlin gegründet wurde, in den Besitz Lehnins über.

1249 verzichtet Bischof Rüdiger von Brandenburg auf den Zehnten von Seiten Zehlendorfs zugunsten des Klosters.

16 Jahre später wurde das benachbarte Gütergotz ebenfalls vom Kloster Lehnin erworben. Man zeigt dort noch heute die heidnische Opferstätte in der alten Zisterzienserkirche.

1264 bestätigt der Papst den Verzicht des Zehnten von Seiten des bischöflichen Stuhles von Brandenburg.

1346 erlässt Abt Valentin eine Holzordnung für Zehlendorf.

1416 wird bei Potsdam die erste Brücke über die Havel gebaut. Dadurch bekommt Zehlendorf größeren Verkehr.

1417 machen die Quitzows einen Einfall in Zehlendorf. Eine Rechnung des angerichteten Schadens ist noch vorhanden. Ihr Schluss lautet: „Ebenso taten sie sonderlich dem Pfarrer von selbem Ort Schaden, den er redlich geachtet hat auf 15 Schock böhmische Groschen."

1488 regelt ein großer Landtag in Berlin die Bierabgaben. Dadurch werden die Bierkrüge in Zehlendorf kleiner.

1507 herrscht hier große Pest und Teuerung.

1539, als Joachim II. den reformierten Glauben durch den Empfang des Abendmahles unter beiden Gestalten in der Marienkirche zu Spandau angenommen, beschlossen am 15.April die in Teltow versammelten Edelleute, seinem Beispiele zu folgen. Noch in demselben Jahre scheint in Zehlendorf reformierter Gottesdienst eingerichtet worden zu sein.

Als 1542 Abt Valentin von Lehnin starb, trug der Kurfürst kein Bedenken mehr, das reiche Kloster mit all seinen Besitzungen zu säkularisieren, d. h. zu seinem Eigentume zu machen. Die Güter wurden spottbillig an die Bauern verkauft.

Von einem Widerstande gegen die neue Lehre lesen wir nichts. Es scheint hier gegangen zu sein, wie fast überall in der Mark: Aus Mangel an religiösem Unterricht erkannte man nicht die Tragweite dieses Schrittes. Man sah darin nebensächliche Verbesserungen, nicht den Bruch und die Umkehr des alten Glaubens. Nur der alte Pfarrer von Steglitz, Zacharias Luft, wollte sich nicht ergeben und musste deshalb nach Hildesheim auswandern.

1767 wurde der letzte Zeuge katholischen Lebens, das alte Zisterzienserkirchlein, auf Befehl Friedrichs II. niedergerissen. Das einfache Bauwerk aus groben Feldsteinen war dem König auf seinen Fahrten zwischen Berlin und Potsdam unangenehm aufgefallen. Er ließ dafür einen kleinen Rundbau aufführen, dem wegen Geldmangels der Turm versagt blieb.

Im 19. Jahrhundert nahm Zehlendorf als Vorort von Berlin einen grösseren Aufschwung.

1838 wurde ganz in der Nähe eine Brennerei gegründet. Sie ging 1859 in den Besitz des Prinzen Friedrich Karl über; der sie in ein Rittergut umwandel-

te und zur Erinnerung an den Krieg von 1864 „Düppel" taufte. Als Feldarbeiter wurden viele Polen herbeigezogen, die sich oft dauernd niederliessen.

Die neue Eisenbahn („Wannsee-Bahn") mit der bequemen Vorortverbindung gab manchem Beamten und sonstigem Berliner Veranlassung, seine Wohnung in dem luftigen, grünen Zehlendorf aufzuschlagen. So ergab die Volkszählung im Vorjahre [1905] über 12.000 Einwohner. Vor 2 Jahren wurde die neue protestantische Kirche eingeweiht und das großartige Gymnasium dem Unterricht übergeben.

An Katholiken zählte man 1900 ca. 500, 1905 ca. 1200, also Zuwachs über 100 %.

Die katholische Minderheit hatte es in Zehlendorf wie überall in Preußen nicht leicht. Die Zeit des Kulturkampfs, während der die Katholiken als romhörige Vaterlandsverräter verdächtigt wurden, lag noch nicht lange zurück, Kaiser und Obrigkeit verharrten eigensinnig bei ihrem protestantischen Bekenntnis, und von dem Gedanken der Ökumene, die zumindest ein friedliches Zusammenleben der Konfessionen ermöglicht, war man noch weit entfernt.

Schon der Wunsch, der sonntäglichen Messe beizuwohnen, brachte für die Gläubigen manche Mühe mit sich. Fritz Nienkemper etwa, ein aus Westfalen stammender katholischer Schriftsteller und Journalist, der sich während der 1880er Jahre in Zehlendorf ansiedelte und der nachmalig einen wichtigen Beitrag zur Errichtung der katholischen Kirche in seinem Heimatort leistete, fuhr mit seiner Familie zunächst zur Matthiaskapelle an der Potsdamer Straße zum Gottesdienst, später dann zur neu errichteten Matthiaskirche auf dem Winterfeldplatz, bis er schließlich in Steglitz an der Sonntagsmesse teilnahm.

Die Schulkinder mussten zum Religionsunterricht zu Fuß nach Steglitz gehen, bis es dem dortigen Pfarrer Deitmer nach vielen Mühen gelang, an der Gemeindeschule in Zehlendorf vier Stunden Religionsunterricht einrichten zu lassen. Diesen übernahm Dr. Adolph Strehler, der nach Studium und Promotion am Collegium Germanicum in Rom im Oktober 1902 seine erste Anstellung als Kaplan in Steglitz erhalten hatte. Der Religionsunterricht vor Ort trug Früchte, und so stieg die Zahl der teilnehmenden Kinder innerhalb von drei Jahren auf neunzig an. Vier weitere Unterrichtsstunden wurden eingerichtet, die man Lehrer Mergenthal aus Steglitz übertrug.

Das Leben in der Diaspora hatte die Katholiken zusammenrücken lassen, und so konnte der Katholische Geselligkeits-Verein in Steglitz im Jahr 1904 schon auf eine fünfzigjährige Geschichte zurückblicken. Um nicht nur an seinem Heimatort zu wirken, hielt er sogenannte Wanderversammlungen ab, deren eine im September 1904 in Zehlendorf im „Burghotel" stattfand. Dieses Lokal war ausgesucht worden, weil es sich bei dem Pächter Weck um einen Katholiken handelte. Auf solche Dinge achtete man damals noch. Zu der Sitzung des Geselligkeitsvereins wurden als Gäste die Zehlendorfer Männer eingeladen.

Der Raum war überfüllt, die Begeisterung groß. Die Frucht war der Beschluss, hier einen Kirchbauverein zu gründen. Die Vorbereitungen dazu wurden dem Geh. exc. Sekretär und Kalkulator im Reichseisenbahnamt, Herrn Dahlheim aus Köln, der sich seit seiner Ankunft vor vier Jahren [1900] durch besonderen Eifer hervorgetan, übertragen.

Am folgenden Feste der „Unbefleckten Empfängnis", dem 50jährigen Jubiläum [des „Katholischen Geselligkeits-Vereins"], wurde im „Fürstenhof" der Verein endgültig konstituiert. Vorsitzender wurde Herr Dahlheim, Beirat Herr Nienkemper, Kassierer Herr Reichel (der Wirt „Zur Goldenen Sonne" aus Neisse), Schriftführer Herr Weiss (Architekt aus Berlin). Der Verein entfaltete rasch ein reges Leben. Die Zahl der Mitglieder stieg bis auf 180, die Sammlung ergab im ersten Jahre 3.000 M.

Zur selben Zeit ging Pfarrer Deitmer mit dem Schreiber [Dr. Adolph Strehler] auf die Suche nach einem Grundstück. Sie kamen hierher auf das Terrain der Zehlendorf-Grunewald-Gesellschaft. Diese war sehr entgegenkommend und versprach große Nachsicht. Ja, nachdem der Direktor Eichmann, derselbe, der mit der Schenkung des Grundstückes für den Bau der katholischen Kirche in Wilmersdorf so gute Erfahrungen gemacht hatte, sich die eben vollendete katholische Kirche in Groß-Lichterfelde angesehen und von uns das Versprechen erhalten hatte, dass sie von demselben Baumeister, Geheimrat Hehl, Professor der alten Baukunst an der technischen Hochschule zu Charlottenburg, und in derselben künstlerischen Ausführung gebaut werden solle, wurde uns das Grundstück Ecke Else- und Riemeisterstrasse, groß 200 qm Ruten = 32.000 M, schenkungsweise für Kirche und Pfarrhaus überlassen mit der Verpflichtung, nach zwei Jahren, also 1906, mit dem Bau zu beginnen.

Jetzt galt es, Geld herbeizuschaffen. Der Diözesanbischof, Eminenz Kardinal G. Kopp, machte uns Mut mit einer Spende von 30.000 M. Auf eine Bitte des Pfarrers griff auch Fr. Nienkemper zur Feder in seinen wöchentlich erscheinenden „Unpolitischen Zeitläufen" [einer Artikelreihe in der überregionalen Presse], und die Gaben begannen zu fließen.

Fr. Nienkemper fasste auch eine Reihe solcher Aufsätze unter dem Titel „Haus und Herd" zusammen und gab sie durch Butzon & Bercker in Kevelaer zum Besten des Kirchbaus heraus. Reingewinn ca. 20.000 M. Einige Beilagen in den Zeitungen halfen nach, so dass wir jetzt nach zwei Jahren [1906] durch das Betteln über 80.000 M bar zusammen gebracht haben.

Der Steglitzer Pfarrer Deitmer, ein mutiger Mann, der später zum Berliner Weihbischof aufstieg, verkündete nach der erfolgreich verlaufenen Gründungsversammlung des Kirchbauvereins, schon zu Weihnachten desselben Jahres mit dem Gottesdienst in Zehlendorf zu beginnen.

So fand hier am zweiten Weihnachtsfeiertage 1904 nach mehr als 360 Jahren zum ersten Mal wieder eine heilige Messe statt.

Als Kapelle diente der Tanzsaal des „Fürstenhof". Da nachmittags um vier Uhr der Tanz begann, musste der Altar sofort nach Beendigung der heiligen Messe in einen Stall geworfen werden. Deshalb bestand er nur aus einer Holzplatte und zwei Böcken, von Tischlermeister Sebastian, Steglitz, hergestellt.

Jeden Sonntag fuhr derjenige geistliche Herr, der in Steglitz die Frühmesse und die Predigt im Hochamt gehalten, sofort nach der letzteren hierher, um hier noch mal dasselbe zu tun (h. 11¼). Das ging so bis Ostern.

Je mehr es aber Frühling wurde, desto mehr stieg in uns die Furcht, von den vor dem Lokal sitzenden Gästen belästigt zu werden. Auch stießen sich viele an dem „Lokal". Deshalb ging Herr Dahlheim auf die Suche nach einem Raume, der als Kapelle eingerichtet werden könnte. Nach verschiedenen Irrfahrten gelangte er zu einer Rumpelkammer, die dem Kaufmann Haupt, Potsdamer Strasse, gehörte.

Pfarrer Deitmer fand sie für einrichtbar. Architekt Bauer erhielt den Auftrag dazu. Er tat es für 1.000 M, schuf neue Decke und Wände, neuen Fußboden, Eingang, u.s.w. Herr Reichel gestattete den Zugang durch seinen Garten von der Spandauerstrasse aus. Die Möbel (Bänke, Harmonium, Altar u.s.w.) wurden aus Steglitz herbeigebracht. Sie hatten bereits dort und darauf in Groß-Lichterfelde die Kapelle geziert.

Am Palmsonntag 1905 wurde die neue Kapelle in Zehlendorf durch Pfarrer Deitmer eingeweiht. Der Besitzer erhielt jährlich 400 M Miete. Als Küster wurde Metalldreher Schumann (ein Eichsfelder) mit einem Jahresgehalt von 120 M angestellt.

Diese Kapelle wurde bald der Liebling der Besucher. Frau Kaufmann Koehler (aus Köln) übernahm allsonntäglich die Ausschmückung mit Blumen, und sie verstand es, Herrliches zu schaffen. Zugleich ging sie auf das Betteln von Paramenten aus, und es gelang ihr, durch Vermittlung ihrer Freundin, Frau Justizrat Esser, Berlin, besonders vom Kölner Paramentenverein die notwendigsten, ja, schöne Sachen zu bekommen. Ihr ist auch die schöne Marienstatue von Riffarth in Mönchengladbach zu verdanken. Aus den Erträgen der an der Tür aufgestellten Sammelbüchse wurde das prächtige geschnitzte große Holzkreuz (ca. 3.000 M) aus Kevelaer gekauft. Auf Bitten des Pfarrers Deitmer schenkten die Geistlichen von Kevelaer ihrem ehemaligen Mitbruder einen würdigen Kelch.

Das Harmonium übernahmen unentgeltlich Herr Chemiker Kobenzl und seine Tochter Gabriella aus Schlachtensee. Herr Kobenzl verstand es auch, einen Sängerchor um sich zu sammeln und den Volksgesang dadurch zu heben.

Eine hübsche Monstranz schenkte Fräulein Helene Offenberg aus Steglitz. In die Lunula [eine mondförmige Zwinge zum Halten der Hostie in der Monstranz] ließ sie ihre Juwelen einfügen. Von ihr stammt auch der kleine Kreuzweg. Die große Kopie der sixtinischen Madonna wurde mit Rahmen von einem protestantischen Maler, Pritz, geschenkt. Die Herz-Jesu-Figur stammt aus der Wohnung des Schreibers, ebenso das silberne Altarkreuzchen.

Die obigen Zeilen aus der Pfarrchronik zeigen, mit welcher Begeisterung sich die Gemeinde darum bemühte, dem katholischen Leben auch in Zehlendorf wieder einen würdigen Ort zu schaffen, wobei der Lokalpatriotismus auch im kirchlichen Rahmen nicht zu kurz kam. Dr. Strehler notierte in der Chronik:

Gerade, da ich dieses schreibe, besucht mich Frau Assessor a. D. Schwartz, unsere große Wohltäterin, und verspricht mir eine neue mit ihren Juwelen ausgestattete Monstranz. Ich musste dankend ablehnen, da wir bereits eine haben, machte ihr aber den Vorschlag, die Juwelen zu einem neuen Kelch zu verwenden. Darauf ging sie gern ein. Auch bot sie mir die Hälfte ihrer Kirchensteuern an, da sie die Hälfte des Jahres hier wohne. Warum solle das reiche St. Hedwig, wo sie während des Winters wohne, alles „schlucken". Ich versprach nachzusehen, ob es gesetzlich angängig wäre und dann mein Möglichstes zu tun.

Bei aller Spendenfreudigkeit blieben aber auch Schwierigkeiten nicht aus:

Eine große Freude wurde uns vergangenes Jahr durch ein Vermächtnis von 50.000 M einer unbekannt sein wollenden Dame aus Paderborn gemacht. Sie stellte drei Bedingungen:
1. müsse die Kirche einen Turm haben;
2. mussten wir das Geld zu 3 % bis zu ihrem Tode, wenigstens zehn Jahre, verzinsen. Jedoch würden uns die Zinsen aufgehoben und zur inneren Ausstattung der Kirche zurückgezahlt;
3. müsse es eine Herz-Jesu-Kirche werden.
Die erste Bedingung fiel mit der Forderung der Terrain-Gesellschaft zusammen.
Die zweite Bedingung waren wir sehr gern bereit zu erfüllen. Leider fehlte in dem schriftlichen Schenkungsvertrage die für uns so wichtige Klausel vom Zurückzahlen der Zinsen. Wir schickten den Vertrag ohne Unterschrift zurück und baten um Auskunft. Bis jetzt, also nach einem halben Jahre, haben wir keine Antwort erhalten. So macht es der Bonifatius-Verein in Paderborn, durch dessen Hände (Generalsekretär) die Verhandlungen gingen, gewöhnlich. Das Geld liegt auf der Deutschen Bank in Friedenau.

Erst viele Monate später, im Dezember 1906, kam aus Paderborn die Mitteilung, die Zinsen würden der Gemeinde zurückgegeben, wenn sie dieses beantrage. „Was diese Klausel soll, weiß ich nicht", fügte Dr. Strehler seinem entsprechenden Eintrag in der Pfarrchronik als Seufzer hinzu.

In Zehlendorf machten sich die Bemühungen der Katholiken, ihren Glauben vor Ort zu leben, in vielfältiger Weise bemerkbar, wobei Reibereien nicht ausblieben. Dr. Strehler berichtet in der Chronik:

Unser regelmäßiger Gottesdienst hier in der Notkapelle zeitigte bald zwei Früchte: Auf protestantischer Seite die Gründung des evangelischen Bundes. Ein Oberlehrer des Gymnasiums namens Falk, ein ehemaliger Prediger, wurde Vorsitzender, der protestantische Pfarrer Keyser, der sich von jeher durch große Hetzereien gegen uns ausgezeichnet hatte und uns nur „Römlinge" nannte, stand Pate. Anfangs ohne Anklang, wuchs der Bund durch systematische offizielle Agitation bald auf 200 Mitglieder. Eine Stärkung des protestantischen kirchlichen Lebens wurde dadurch nicht erreicht, denn die Zahl der regelmäßigen Kirchenbesucher soll sich auf zwanzig belaufen, trotz der neuen Kirche. Schon manchmal musste der Gottesdienst überhaupt aus Mangel an Besuchern ausfallen. Pfarrer Keyser ist sehr wenig beliebt, weil er nicht „grüßt".

Die Frucht auf unserer Seite war der Wunsch, hier eine zweite heilige Messe einzurichten. In der Tat: Die Zeit (11¼) lag für viele, besonders die armen Dienstmädchen, sehr ungünstig. Dazu war in den Sommermonaten der kleine Raum überfüllt. Die Erfüllung dieses Wunsches schloss in sich die Anstellung eines Geistlichen, da die Herren in Steglitz schon jetzt beide binieren [d. h. zwei Messen an einem Tag lesen] mussten.

Die Herren vom Kirchbauverein drängten – oft etwas ungestüm, so dass Pfarrer Deitmer mehrfach nervös wurde. Man wies aber mit Recht auf die Behandlung anderer Gemeinden hin, z. B. Britz, Karlshorst, Hoppegarten, wo man angefangen hatte, obwohl zum Gottesdienst kaum zwölf Familien kamen. Sie bekamen die Oberhand, als die Delegatur ihren Wunsch als berechtigt anerkannte und selbst der Herr Kardinal in einer mündlichen Audienz in Berlin dem Pfarrer Deitmer den Wunsch äußerte, der neue Geistliche möge bald seelsorglich selbständig werden, wenn er auch materiell mit Steglitz vereinigt bliebe. Dadurch bekäme er „ein größeres Interesse dafür".

Über die Gründe für das Zögern Pfarrer Deitmers, Zehlendorf gar zu bald selbständig werden zu lassen, heute noch zu spekulieren, wäre ein müßiges Unterfangen, zumal es letztlich sein Ende fand, als Dr. Adolph Strehler 1906 zum Kuratus von Zehlendorf ernannt wurde. Am 25. September traf er zur großen Freude der Gemeinde an seiner neuen Wirkungsstätte ein, am 2. Oktober konnte er seine Wohnung Haupt-, Ecke Elsestr. I/68 beziehen. Diese wurde vom Bonifatius-Verein in Breslau bezahlt. (Berlin gehörte damals noch zum Erzbistum Breslau.) Sein Gehalt bezog der Kurat von der Gemeinde Steglitz. Dazu kamen noch Einnahmen durch den Religionsunterricht an der Gemeindeschule in Zehlendorf sowie der Mädchenschule in Friedenau.

Anfang Oktober fand dann zum ersten Mal das volle Gottesdienstprogramm statt: Messe um 7.30 Uhr, Hochamt mit Predigt um 9.45 Uhr und Segensandacht um 17 Uhr. Die Kapelle war überfüllt.

Fritz Nienkemper berichtete in seinen „Unpolitischen Zeitläufen" über das Ereignis:

Nun muss ich zum Schlusse noch ein fröhliches und dankbares Wort reden über einen Umzug, den wir zu diesem Michaelistermin in unserer Ecke von Großberlin erlebt haben. Der bisherige Kaplan von Steglitz, unser lieber und verehrter Dr. Strehler, ist als Kuratus nach Zehlendorf gezogen. Die Katholiken von Zehlendorf haben also nunmehr einen Seelsorger im Dorf. Es ist ein weiterer bedeutsamer Schritt geschehen in der Entwicklung der Gemeinde, der die Leser der „Unpolitischen Zeitläufe" so viel Wohlwollen zugewendet haben. Der Herr Kuratus hat wahrlich Opfermut. Er schlägt sein Heim neben der Scheune auf, die uns noch als Kirche dienen muss. Er geht in die Wüste, um dort einen Weinberg des Herrn mit unsäglicher Mühe neu zu begründen.

Aber wir trennen uns nicht von der großen Muttergemeinde Steglitz. Jetzt sammeln zwei: der Kuratus in Zehlendorf sammelt die Seelen und Pfarrer Deitmer in Steglitz sammelt weiter die Baugelder für die Kirche, deren Pläne nun bald genehmigt von der Regierung zurückkommen werden. Die Adresse des Pfarrers bitte ich, nicht zu übersehen, denn die Baukosten sind noch längst nicht gedeckt, und ich habe in den letzten Wochen schon manchmal die Frage hören müssen, ob denn die „unpolitischen" Leser ganz auf Zehlendorf vergessen hätten.

Bekanntlich ist der evangelische Divisionspfarrer Bachstein, der voriges Jahr in Osnabrück die unglaubliche Schimpfrede gegen die katholische Kirche gehalten hat, nach achtmaliger Gerichtsverhandlung vom Oberkriegsgericht auf allerlei spitzfindige Unterscheidungen hin freigesprochen worden. Eine strafrechtliche Sühne dieser groben Schmähungen unserer Heiligtümer ist nicht zu erlangen. Wir Katholiken müssen uns selbst eine Sühne verschaffen und zwar auf dem echt christlichen Wege, dass wir nun erst recht mit vereinten Kräften für die Ehre und die Blüte unserer beleidigten Kirche eintreten. Wir wollen den verbissenen Gegnern mal zeigen, welch' eine Kraft in den Heiligtümern steckt, die sie zu beschimpfen wagen. Ein sehr schönes Mittel zu diesem Zweck ist die verstärkte Fürsorge für die Diaspora. Ich möchte vorschlagen, dass jeder, der eine Schmähung seines heiligen Glaubens liest oder hört, alsbald einen wirksamen Protest erlässt, indem er eine Sühnegabe an den Bonifatius-Verein oder an einen der Bettelpfarrer gelangen lässt. Die Leser der „Unpolitischen" haben ja ihre Spezialstelle in Steglitz, und wenn einmal die Zehlendorfer Kirche versorgt ist, will ich auf Wunsch gern eine neue Adresse nachweisen. Inzwischen wollen wir Zehlendorfer Katholiken nach besten Kräften mitwirken, dass dem neuen Kuratus sein schwieriges Werk gelingt, damit die Gegner sehen, dass ihr Angriffe den Katholizismus nicht töten, sondern vielmehr erst recht lebendig machen. (Berlin, 4. Oktober 1906)

Der Artikel zeigt sehr deutlich, in welchem Umfeld von Skepsis und Anfeindung sich der Kirchenbau in Zehlendorf vollzog. Aber er belegt auch, welchen großen Einsatz beherzte Christen zeigten, um der katholischen Gemeinde zu einem würdigen Gotteshaus zu verhelfen. Auch ließen die Angriffe nach, je mehr sich das katholische Leben auch öffentlich etablierte, wovon Dr. Strehler in der Pfarrchronik im Oktober 1906 berichtet:

Gestern war meine Einführung im „Fürstenhof". Herr Nienkemper sprach schön von den Pflichten, welche die neue Kuratie nunmehr habe. Ich verkündete meine Absicht, demnächst einen Arbeiterverein zu gründen. Auch legte ich es den Familien aus den besseren Ständen nahe, sich gesellig zu verbinden.

In diesen Tagen habe ich auch meine offiziellen Vorstellungsbesuche beendigt. Von den Behörden wurde ich überall auf das Freundlichste empfangen. Bürgermeister Dr. Koester hat heute meinen Besuch erwidert.

Auch der protestantische Prediger Keyser war ungewöhnlich zurückhaltend, ja freundlich. Zum Schlusse forderte er mich zu gemeinsamer Arbeit gegen Umsturz und Unglauben auf, was ich ihm gern versprach.

Der Entwurf für die neue Kirche, erstellt von Geheimrat Christoph Hehl († 1911) in Charlottenburg, dem auch die Planungen für die katholischen Kirchen in Steglitz, Groß-Lichterfelde sowie Herz Jesu in Charlottenburg zu verdanken sind, fand Billigung sowohl durch den Erzbischof von Breslau wie auch durch die Regierung, aber die Tücken des Baurechts waren vor gut hundert Jahren nicht geringer als heute. So bedurfte es noch einer Eingabe um Dispens beim Bezirksausschuss in Potsdam, um ein Abweichen von den Vorschriften zu ermöglichen, die für das ursprünglich als Villenterrain ausgewiesene Grundstück galten. Der Baubeginn verzögerte sich dadurch um mehrere Monate, aber Mitte Oktober 1906 konnten endlich die ersten Aufträge vergeben werden.

Zu dem geplanten Bauwerk schreibt Dr. Strehler:

Die Kirche selbst ist frühgotisch, Preis 190.000 M. Einschiffig, aber eigener Art. Da nämlich infolge ihrer Breite die Spannung des Gewölbes eine zu große wurde, will sie der Baumeister auf eine gemeinsame Säule in der Mitte laden. Sie verdecke den Hauptaltar nicht, da die beiden Eintrittstüren in der Seite angebracht. Über die Lage der Kanzel habe ich auch schon mit ihm disputiert. Er hält diese für notwendig, um gegen das Licht geschützt zu sein. Ich bin neugierig, wie sich die Säule machen wird. Dem Bürgermeister ist der Turm zu plump, derjenige der evangelischen Kirche aber zu spitz. Schade!

Aber noch fanden die Gottesdienste in der Notkapelle statt, und da kam es Mitte Oktober zu einem gefährlichen Zwischenfall.

Bei der Nachmittagsandacht wäre beinahe ein großes Feuer entstanden. Einer der Benzin-Äther-Apparate schlug beim Anzünden seine Flamme auf das Harmonium, so dass es in Flammen zu stehen schien. Die Frauen und Kinder begannen schon hinauszulaufen. Durch energisches „Pusten“ wurde das Feuer erstickt und die Ruhe wiederhergestellt.

Daraufhin beschloss der Kirchenvorstand Steglitz, wegen der Feuergefahr elektrisches Licht installieren zu lassen. Die neue Anlage war schon am 30. Oktober angebracht. Dass Entscheidung, Ausführung und Fertigstellung so schnell aufeinander folgen, ist aber auch in der katholischen Kirche eine bemerkenswerte Ausnahme. Vor allem mit dem Kirchbau ging es nicht so schnell voran, wie es sich einige der Beteiligten wünschten. Dr. Strehler notierte:

> *Direktor Schütz von der Terrain-Gesellschaft ist schon nervös, dass wir nicht anfangen. Ich war bei ihm und suchte, ihn zu beruhigen. Er will vor allem den ausgehobenen Boden haben, den er schon längst einem seiner Kunden versprochen hat. Auch bat er wiederholt, die Baugelder bei der hiesigen „Darmstädter Bank“, die bei der Schenkung des Grundstücks stark beteiligt sei, zu deponieren. Auf mein Drängen waren Pfarrer Deitmer und Professor Hehl bei ihm. Letzterer versprach ihm den ausgehobenen Boden für das Pfarrhaus, und zwar noch in diesem Jahre. Wir haben heute den 24. November.*

Schließlich wurden die Ausschachtungsarbeiten dann aber doch auf Drängen des Architekten bis zum 31. Januar 1907 verschoben. Die Ausschreibung für die Arbeiten erfolgte nach allerlei Hin und Her erst am 12. Dezember 1906.

Das Gemeindeleben begann gleichwohl, sich zu entwickeln, wozu Dr. Strehler redlich beitrug, u. a. durch die Gründung eines Arbeitervereins, der bald nach seiner Gründung 30 Mitglieder hatte. Allerdings kam es unter denen, die sich engagierten, naturgemäß auch zu Spannungen, wie es wohl überall und zu allen Zeiten zu gehen pflegt. So lesen wir in der Chronik zum Dezember 1907:

> *Am nächsten Sonntag ist im „Fürstenhof“ das erste Weihnachtsfest der katholischen Gemeinde mit Bescherung von ca. 100 Kindern. Die Leitung hat der Arbeiterverein, die Kosten trägt zur Hälfte der Kirchbauverein. Die Eifersucht zwischen beiden Vereinen ist (wie gewöhnlich) schon recht groß.*

Aber der Kurat ließ sich nicht entmutigen und bemühte sich, in vielerlei Hinsicht die Grundlagen für eine lebhafte Entwicklung seiner Gemeinde zu legen. So erstellte er in Zusammenarbeit mit dem unermüdlichen Fritz Nienkemper ein Büchlein mit dem Titel „Die sieben Werke der Barmherzigkeit“, das in einer Gesamtauflage von 50.000 Exemplaren erschien. Der Druck kostete 12.000 Mark, der Reingewinn sollte dem Kirchbau zugute kommen. Das Bettelbüchlein, wie Dr. Strehler es in der Pfarrchronik nennt, war gefällig ausgestattet. Zu Beginn fand sich ein Dreifarbendruck nach den Gemälden Schwinds auf der Wartburg, der die heilige Elisabeth zeigt, wie sie die sieben Werke der Barmherzigkeit übt, dann folgte ein katechetischer Text in einfachen Worten, der durch Bilder und kleine Gedichte Nienkempers weiter aufgelockert wurde. Die letzte Seite schließlich zeigte eine Abbildung der Notkapelle von außen und enthielt die wichtigsten Angaben über die Entwicklung der Gemeinde. Anfangs verkaufte sich das Büchlein nur schleppend, doch im Laufe der Zeit brachte es doch einige zusätzliche Mittel für den Kirchenbau ein. Schon Ende Januar 1907 war ein Reingewinn von 14.000 Mark zu verzeichnen.

Auch eine Pfarrbücherei gründete Dr. Strehler. Die nicht unerheblichen Kosten für eine Grundausstattung mit „katholischer Literatur" bezahlte er aus der eigenen Tasche.

Wie wichtig eine ordnungsgemäße Ausschreibung ist, um die Kosten für einen Bau in erträglichem Maße zu halten, zeigte sich bei den weiteren Vorbereitungen zur Errichtung der Kirche. Dr. Strehler notierte:

Die Eröffnung der Ausschreibungen für die Maurerarbeiten der Kirche ist erfolgt. Danach hat das hiesige Baugeschäft Bauer (kath.) das niedrigste Angebot gemacht mit 153.000 M (incl. Sakristei und Pfarrhaus, für die Kirche allein 123.000 M); ihn übertraf Herr Weiß, hierselbst (kath.), nur um 6.000 M; die drei anderen Firmen überboten dieselben um 30.000 M bis 39.000 M!

Am 15. Januar 1907 fand dann um 12.30 Uhr der erste feierliche Spatenstich zur Kirche statt. Anwesend waren neben Kurat Strehler Pfarrer Deitmer und Kaplan Menzel aus Steglitz sowie Geheimrat Hehl aus Charlottenburg, aus Zehlendorf die Herren Nienkemper und Dahlheim, die Gastwirte Reichel und Weck sowie Frau Kaufmann Koehler, ferner die Baumeister Bauer und Weiß sowie Architekt Winkler. Für die feierliche Grundsteinlegung fasste man den 1. Osterfeiertag ins Auge, nicht zuletzt, weil an diesem Tag kein Tanz im großen Saal des „Kaiserhofs" war, die Einweihung der Kirche hoffte man im Oktober 1908 vornehmen zu können.

Die Ausschachtungsarbeiten fanden allerdings schon nach nur einer Woche wegen starken Frostes eine Unterbrechung. Es war der strengste Winter seit Jahren, der Schnee lag einen halben Meter hoch, und erst am 25. Februar konnte man mit den Arbeiten fortfahren. Am 27. März traf auch die endgültige polizeiliche Bauerlaubnis von der Gemeinde ein. Die Kosten dafür beliefen sich auf nicht unerhebliche 282 Mark.

Auch an seelsorgerischen Erfolgen fehlte es nicht in dieser Zeit. Fritz Nienkemper berichtete am 11. April 1907 in den „Unpolitischen Zeitläufen":

In der Scheune, wo wir vorläufig unseren Gottesdienst halten, war es am vorigen Sonntag wunderschön. Zum ersten Male seit 370 Jahren wurde wieder in Zehlendorf das Fest der Kinderkommunion begangen. Bisher mussten die hier wohnenden Katholiken ihre Kinder an diesem ihrem Ehren- und Heilstage erst eine kleine Reise mit der Eisenbahn machen lassen, in früheren Jahren nach Berlin, in den letzten Jahren nach Steglitz. Jetzt endlich, nach-

dem im vorigen Jahre hier das ewige Licht wieder angezündet worden ist und ein Seelsorger sich niedergelassen hat, kann auch dieses erhebende Gemeindefest am Orte selbst begangen werden. Da fühlt man so recht, welch´ ein Segen und welch´ eine Freude es ist, die Kirche im Dorfe zu haben. Und wenn auch die Kirche nur eine Scheune ist, die vier Mauern der Scheune erweitern sich, die niedrige Decke erhebt und wölbt sich, die Feuchtigkeitsflecken an der Wand verschwinden, die dumpfe Luft wird nicht mehr gespürt, das armselige Bauwerk kommt den ergriffenen Gläubigen wie ein herrlicher Dom vor, wie die heilige Vorhalle des Himmels, wie das erhabene Haus des Herrn, der da gesagt hat: Lasset die Kindlein zu mir kommen!

Mit neun Kommunionkindern machte die junge Gemeinde den Anfang. Aller Anfang ist schwer. Die Sammlung und Erziehung des Nachwuchses ist nicht so einfach wie in einer alten, wohl begründeten Gemeinde. Was dort von selbst sich ergibt, erfordert hier viel Umsicht und Arbeit. Im Weinberg des Herrn gibt´s manche schwere und im weltlichen Sinn undankbare Posten, besonders in dem Großberliner Teil der Diaspora. Unserem Kuratus Dr. Strehler war die Herzensstärkung wohl zu gönnen, die er am Weißen Sonntag empfand, als er zum ersten Male den Nachwuchs der jungen Gemeinde den Taufbund erneuern lassen konnte in der Hoffnung, dass nun Jahr für Jahr in stets wachsender Zahl seine Zöglinge vorrücken. Das sind die lebendigen Bausteine, auf die es vor allem ankommt.

Ueber die anderen, materiellen Bausteine, zu denen uns die guten Leser verholfen haben und noch verhelfen, reden wir nächstens noch bei der Feier der Grundsteinlegung, die am Himmelfahrtsfeste (9. Mai) stattfinden soll. Inzwischen befindet sich der große Klingelbeutel immer noch bei Pfarrer Deitmer in Steglitz.

Für die Beschreibung der feierliche Grundsteinlegung, an der auch Graf von Galen teilnahm, der während der Zeit des Nationalsozialismus als „Löwe von Münster" berühmt wurde, soll wieder Dr. Strehler zu Wort kommen:

Das Fest ist großartig verlaufen. Das Wetter war etwas windig, der Himmel zum Teil bewölkt, aber es hielt sich. Die Perleberger Artillerie spielte großartig für 285 M. Erschienen waren 55 Fahnen und hinter jeder eine große Zahl von Mitgliedern. Herr Direktor Plass vom Urban hatte selbst seine Zöglinge mit Fahne antreten lassen. Der Bauplatz war vorher geschlossen, um 3¾ zog der Festzug, vom Bahnhof kommend, ein.

Inzwischen hatten sich in meiner Wohnung die Geistlichen versammelt. Herr Prälat kam mit dem Auto des Herrn Baumeister Bunning an. Er gebrauchte – wohl das erste Mal? – Mitra und Hirtenstab. Diakon war der Delegatursekretär Dr. Lukaszczyk, Subdiakon Kaplan Menzel, Steglitz. Außerdem waren erschienen: Pfarrer Deitmer, Pfarrer Dierken und Kaplan Graf v. Galen, Schöneberg, Kadettenpfarrer Ruland, Groß-

Lichterfelde, P. Simonis S. J. und ein geistlicher Herr aus Westfalen. In Prozession gingen wir hinüber. Der ganze Bauplatz war von Menschen überschwemmt, ja auch der Schmuckplatz davor war stark besetzt.

Wir machten alles genau nach dem Rituale. Der Grundstein war von Bildhauer Klesse, Berlin, hergestellt = 50 M. Die Büchse und Kupferkiste hatte Herr Schlossermeister a. D. von der Marwitz, Berlin N., geschenkt. Derselbe nahm auch die Verlötung vor. Die Urkunde war von Professor Schoppmeyer an der Technischen Hochschule zu Charlottenburg wundervoll geschrieben. Schade, dass wir sie begraben mussten. Ich habe sie aber photographisch reproduzieren lassen. Leider kommen da die wunderbaren frühgotischen Initialen bezüglich der Farben nicht zur Wirkung. Diese Urkunde wurde der Kürze halber nur deutsch vorgelesen. Dann wurde sie vermauert in dem Beton am Grunde der Säule in der Mitte. Unsere Absicht, sie nachher wieder herauszunehmen, um sie vor Diebstahl zu schützen, stieß auf entschiedenen Widerspruch des Baumeisters Hehl. Deswegen wurde sie ½ m hoch vermauert und die Nacht über von einem Wächter bewacht. Die üblichen Hammerschläge wurden von den Geistlichen gegeben, den „Baumenschen", dem Bürgermeister, Schöffe Zinnow, Gemeindevertreter Nienkemper, protestantischer Pfarrer Keyser und P. Plass, Herrn Schlitt, Menzel, Wiesner vom Kirchenvorstand in Steglitz, Oberförster Hillenkamp, Geheimrat Dr. Schubert und Kommerzienrat Eichmann von der Terrain-Gesellschaft, Gymnasialdirektor Dr. Fischer und Rektor Hoffmeister, Waisenrat Gerlach, Gemeindebaumeister Wilski und dem Vorsitzenden des Kirchbauvereins, Herrn Dahlheim. Der Schreiber dieser Zeilen sagte: „Zur Ehre des Heiligsten Herzens Jesu – zum Siege seiner Liebe – zur Versöhnung seiner Feinde." Und es war ihm ernst damit.

Zum Schluss hielt Herr Prälat vom Podium aus eine sehr schöne, gut durchdachte Predigt über die drei Punkte: 1. Grundstein, 2. Himmelfahrt, 3. Herz Jesu. Das erstere fordere Glauben an Jesus Christus, das zweite Hoffnung, das dritte Liebe! Drei Strophen „Großer Gott, wir loben Dich" schlossen die Feier. Hierauf Festzug (an der Kapelle vorbei) nach dem „Kaiserhof". Leider vermochte der Saal (600 M) nur einen Teil der Gäste zu fassen. Die anderen verteilten sich in den anderen Lokalen, besonders im „Lindenpark".

Über die Festversammlung war wieder nur ein Urteil: Würdig und schön. Von Geistlichen waren noch erschienen : Lic. Fournelle, Pfarrer Beyer, Groß-Lichterfelde, Kaplan Wittig von St. Pius, Kaplan Winkler von St. Hedwig, Kuratus Dr. Sommer, St. Afra. Nach der Begrüßung durch den Vorsitzenden Herrn Dahlheim und das Papst- und Kaiserhoch folgten zwei Lieder eines Männerquartetts, das Herr Organist Mergenthal, Steglitz, besorgt hatte à Person 10 M. Sie haben sechs Lieder gesungen und wahre Begeisterung geweckt. Die Festrede hielt Herr Justizrat Dr. C. Bachem aus Steglitz. In ruhiger und vornehmer Weise sprach er über die Bedeutung einer Kirche im Dorf. Sie sei 1. das Symbol der Autorität, 2. der Einheit, im Anschlusse daran über unser Verhältnis zu anderen Konfessionen. Nach ihm stattete Pfarrer Deitmer *den feierlichen Dank ab – in höchst launiger Weise. Ihm folgte der Kuratus mit einem Hoch auf das liebe, grüne Zehlendorf am Saume des Grunewaldes. Darauf erhob sich Herr Bürgermeister Dr. Koester, dankte für die Einladung, drückte seine Freude aus über das schöne Fest und schloss mit dem Wunsche, die katholische Gemeinde Zehlendorf möge sich gut entwickeln und mitarbeiten am Wachstum Zehlendorfs. Im gleichen Sinne sprach Kommerzienrat Eichmann. Herr Nienkemper brachte das Hoch aus auf die katholischen Frauen, und Herr P. Plass versicherte in äußerst herzlicher Weise die katholische Kirche seiner Sympathien wegen ihrer sozialen Arbeit und machte den Schluss mit dem Hoch auf die katholische Gemeinde Zehlendorfs. Es war neun Uhr geworden. Das Konzert wurde im dritten Teil abgebrochen, da der Tanz begann. Ein Komiker sorgte für Lachen.*

Vergessen habe ich oben, dass Herr Prälat am Schlusse seiner Rede bat, nach einer Sitte, die er in England gesehen, auf den Grundstein ein Scherflein zum Bau niederzulegen. Die Kollekte ergab 350 M.

In die Kapsel wurde hineingetan außer der Urkunde ein Exemplar der „Germania" und „Märkischen Volkszeitung" und des „Zehlendorfer Anzeigers" vom 8. Mai 1907. Außerdem der erste „Unpolitische Artikel" über Zehlendorf der „Ermländer Zeitung". Dazu unser Kuratie-Büchlein, d. h. Zusammenstellung dessen, was ein Katholik dieser Gemeinde bezüglich des kirchlichen Lebens wissen muss. Außerdem die gebräuchlichen Münzen von 1 Pfg. bis 2 M.

Knapp drei Wochen nach der Grundsteinlegung kam es zu einer erneuten Unterbrechung der Bauarbeiten. Weil der Baumeister einen Maurer wegen Faulheit entlassen hatte, legten alle Arbeiter auf dem Bau die Arbeit nieder. Vertreter ihrer Gewerkschaften verhandelten mit dem Bauunternehmer Bauer, doch der zeigte sich entschlossen, sie alle zu entlassen und durch andere Arbeiter zu ersetzen. Ein allgemeiner Streik folgte, und erst nachdem die Baustelle zwölf Tage lang verwaist geblieben war, nahmen drei Akkordmaurer die Arbeit auf. Allerdings stellten sie diese schon am folgenden Tag wieder ein, weil es Unstimmigkeiten bezüglich ihrer hohen Lohnforderungen gab. Noch einmal gut eine Woche später, am 19. Juni, trafen acht Maurer aus Schlesien ein, die durch den Gewerkschaftsführer der Bauarbeiter des Verbandes der katholischen Arbeitervereine geholt worden waren, und am 24. Juni unterschrieb der Baumeister nach endlosen Verhandlungen die Forderungen der Streikenden, so dass die Arbeiten am Kirchbau in geregelten Bahnen fortgesetzt werden konnten. Diese schritten nun zügig voran, und im Oktober beging man das Richtfest. Gleichzeitig nahm man auch die Arbeiten am Bau des Pfarrhauses wieder auf, die man im Frühjahr eingestellt hatte, um den Zeitverlust bei der Errichtung der Kirche auszugleichen, der sich durch den Streik ergeben hatte.

Die Arbeiter blieben glücklicherweise während der gesamten Dauer des Kirchbaus von Unglücken verschont. Lediglich am 1. Oktober 1907 stürzte eines der Bretter, die auf den Turm gezogen wurden, in den Schacht hinab. Um diesem auszuweichen, sprang ein unten stehender Arbeiter schnell zur Seite, doch dabei schlug er mit solcher Heftigkeit gegen das Mauerwerk, dass sein Schlüsselbein brach.

Um den Jahreswechsel 1907/08 mussten die Bauarbeiten noch einmal wegen des ungünstigen Winterwetters für rund vier Wochen eingestellt werden, doch danach ging es um so eifriger weiter, und man machte sich bereits zahlreiche Gedanken zur Innenausstattung, wobei der Kurat Dr. Strehler und Geheimrat Hehl in ihren Vorstellungen weitgehend übereinstimmten. Nur bei der Beleuchtungsanlage entschied sich die Kirchengemeinde für Elektrizität, während der Architekt Gaslicht favorisiert hatte.

Anfang Februar gab der Breslauer Kardinal Kopp die Zusage, die Weihe der Kirche im September selbst vorzunehmen.

Ende März war die Abrüstung des Turmes beendet, der sich schnell den Ruf erwarb, das Wahrzeichen Zehlendorfs zu sein, wie Dr. Strehler stolz in der Pfarrchronik vermerkt. Paul Kunzendorf, ein in Zehlendorf ansässiger Dichter, fühlte sich durch die Fertigstellung des Turms unserer Kirche zu folgenden Versen angeregt:

Drei Türme

Drei Türme seh´ ich im Abendschein
das heimische Dorf überragen.
Zwei laden die Frommen zum Beten ein,
Der Dritte dient weltlichen Fragen.
Gott zur Ehr´ und dem Nächsten zur Wehr -
Das ist die Losung der Türme,
So mögen sie steh´n wie Felsen im Meer
Der Zeiten und ihrer Stürme.
Doch seltsam spielte - so scheint es mir -
Der Zufall bei diesem Bilde,
Dass er gestellt in die Mitte hier
Den Turm mit dem Wehrhelm im Schilde.
Da wurde zur Wahrheit ein Goethe´sches Wort -
Zwischen Kirchen beider Religionen,
Da sieht man jetzt in unserm Ort
Den Turm der Feuerwehr thronen.
So bleibt bei Zweifeln und Kämpfen rings
Das Dichterwort unbestritten:
„Propheten rechts, Propheten links,
Das Weltkind in der Mitten.“

Am 4. Mai konnte feierlich der Gewölbeschlussstein gesetzt werden, am 19. August fand die Glockenabnahme statt, und am 25. August konnte Kurat Strehler das neue Pfarrhaus beziehen.

^ *Abb. 1: Herz-Jesu Kirche im Jahr 1909*

Am 6. September 1908 fand dann die feierliche Einweihung der Herz Jesu-Kirche in Zehlendorf statt. Dr. Strehler notierte dazu in der Pfarrchronik:

Es ist gut gelungen und schön verlaufen. Am Sonnabend fuhr ich nachmittags um drei Uhr über Steglitz mit Herrn Pfarrer Deitmer nach Bahnhof „Zoologischer Garten", wo Eminenz [Kardinal Kopp aus Breslau] gegen fünf Uhr mit Sekretär und Diener eintraf. Nachdem er in Steglitz sich die Ausmalung der Kirche angesehen, ging es hierher, wo er unter Glockengeläut am Portal vom Vorstande des Kirchbauvereins empfangen wurde. Nach Besichtigung der Kirche bezog er meine Wohnung hier im neuen Pfarrhause, ich selbst war nach der Parterre-Wohnung ausquartiert. Das Abendessen war gemeinschaftlich. Bis neun Uhr saßen wir bei der Unterhaltung zusammen. Am Sonntag Morgen begann um 7¾ die Weihe. Diakon machte Religions-Oberlehrer Dr. Junglas, Subdiakon Kaplan Menzel, Steglitz. Das Wetter war frisch, der Himmel den ganzen Tag bewölkt. Etwa zehn geistliche Herren assistierten. Um zehn Uhr erschienen der Kultusminister Dr. Holle mit Ministerialdirektor v. Chappuis sowie die Ehrengäste, welche Platzkarten erhalten hatten. Sie wurden sämtlich durch die Sakristei hereingelassen. Darauf wurden die Portale geöffnet für die 65 Fahnen und das Volk. Man stand draußen bis auf die Strasse. Um 10½ Uhr begann das Hochamt. Es wurde vom Steglitzer Kirchenchor unter Leitung des Herrn Lehrer Mergenthal die D-moll-Messe von M. Filke gesungen, das Offertorium von Witt, zum Schluss „Der Herr ist König" von Bunning. Der Herr Kardinal sprach über das Wort des Glaubens und die Ursachen der heutigen Ungläubigkeit: 1. Falsche Wissenschaft, 2. Unkenntnis. Schluss: Möge dieses Haus eine Mitte werden der Ewigkeitskultur und Königstreue.

Um ein Uhr Festessen in der Glashalle des „Burgrestaurants". 153 Mitglieder. Der Herr Kardinal sprach auf Kaiser und Papst, Pfarrer Deitmer auf die Damen. Beim Abschied drückte er mir 300 M in die Hand. Um vier Uhr sehr stark besuchte Andacht mit Predigt meines Bruders, des Präfekten Dr. B. Strehler in Neisse. Darauf Prozession bis heraus auf die Strasse.

Darauf Gartenfest bei Grzeda, Berliner Strasse 9, mit Gesang des K. Märkischen Sängerbundes. Sehr gut besucht. Aber kalt, deshalb früh verlassen. Deo gratias et Mariae!

Bald nach der Fertigstellung der Kirche wurde die Gemeinde Herz Jesu Zehlendorf in die Selbständigkeit entlassen. Am 18. Dezember 1908 fasste der Kirchenvorstand in Steglitz den entsprechenden Beschluss, am 20. Dezember stimmte auch die Gemeindevertretung der Abtrennung der katholischen Gemeinde Zehlendorf von der Pfarrgemeinde Steglitz zu. Die Errichtungsurkunde der selbständigen Kuratie Zehlendorf traf allerdings erst am 26. April 1910 ein. Die Zahl der Katholiken betrug nach der allgemeinen Volkszählung vom 1. Dezember 1910 in Zehlendorf 1268 Personen. 1905 waren es noch 250 weniger gewesen.

Von der Innenausstattung unserer Kirche soll in dieser Übersicht über die Geschichte unserer Gemeinde nicht ausführlich gehandelt werden, darüber informiert in anschaulicher Weise unser Kirchenführer. Hervorzuheben ist vor allem die „Zehlendorfer Madonna" von Josef Limburg, eine der Figuren an der Mittelsäule, die gleich nach ihrer Entstehung weithin Aufmerksamkeit und Anerkennung in kunstinteressierten Kreisen fand, und erwähnt werden müssen auch die vier schönen Wandteppiche im Chor nach Entwürfen von Friedrich Stummel, die Kardinal Kopp unserer Kirche geschenkt hat. Sie wurden im November 1909 angebracht, und für mehr als sechzig Jahre schmückten sie das Gotteshaus, bis sie 1965 dem veränderten Geschmack der Zeit zum Opfer fielen und achtlos auf dem Dachboden des Pfarrhauses verschwanden. Erst den Bemühungen von Pfarrer Rudolf ist es zu verdanken, dass wir die Wandteppiche, die nicht zuletzt aufgrund der unsachgemäßen Lagerung einer aufwendigen Restaurierung unterzogen werden mussten, seit 1998 wieder an ihrem alten Platz bewundern dürfen.

Das Gemeindeleben verlief nach den Wirren und Mühsalen der Bauzeit der Kirche in ruhigen Bahnen. Verschiedene Vereine waren aktiv, die Gläubigen nahmen rege am Gottesdienst teil, und Dr. Strehler konnte sehen, dass seine Aufbauarbeit reiche Früchte getragen hatte.

Da erreichte ihn im Februar 1912 die Anfrage, ob er bereit sei, die durch Vertreibung des Jesuiten P. Wieczinski in Moskau freigewordene Stelle des Seelsorgers der dortigen deutschen Katholiken zu übernehmen. Er stimmte zu, und es begann für ihn erneut eine Zeit mannigfaltiger Schwierigkeiten, denn es gab viele bürokratische Hemmnisse. Erst Ende November erhielt Dr. Strehler vom Auswärtigen Amt die Nachricht, dass seine Ernennung zum Seelsorger der deutschen Katholiken in Moskau perfekt sei und dass der dortige Erzbischof seine baldige Ankunft erwarte. Die notwendige Beurlaubung durch Kardinal Kopp erhielt Dr. Strehler eine Woche später. Am 18. Dezember traf er in Moskau ein.

RICHARD WINKLER

Zu Dr. Strehlers Nachfolger in Zehlendorf wurde Kuratus Richard Winkler bestimmt, der zuvor in St. Afra in Berlin tätig gewesen war.

Die Gemeinde war inzwischen auf 1850 Seelen angewachsen. Im Jahr 1912 wurden 4500 heilige Kommunionen ausgeteilt (man ging damals noch sehr viel seltener zum Tisch des Herrn, als dies heute der Fall ist), 33 Kinder wurden getauft, darunter neun aus Mischehen, und es fanden fünf Eheschließungen statt. Dass es sich dabei dreimal um gemischte Paare handelte, weist auf die besonderen Schwierigkeiten einer Diasporagemeinde hin. Doch es gab auch eine Konversion zum Katholizismus, der allerdings zehn Perversionen gegenüber standen, wie man damals noch den Übertritt zu einer anderen Religion nannte.

Zehlendorf   Riemeisterstrasse, Ecke Schützstrasse

^ *Abb. 2: Riemeisterstraße 1908*

Für die alles andere als einfachen Zeitläufe legt Zeugnis ab, dass in der Erziehungsanstalt „Am Urban" der dort eingerichtete Religionsunterricht für einige Wochen unterbrochen werden musste, weil fast beständig ansteckende Krankheiten wie Masern und Diphterie zu verzeichnen waren.

Noch größer wurde die Not, als im Herbst 1914 der 1. Weltkrieg ausbrach. An den Freitagabenden fanden regelmäßig Kriegsandachten statt, und die Seelsorge in den Lazaretten, besonders im Urban-Krankenhaus, fiel Kurat Winkler zu. Am 6. November 1914 fiel als erstes Gemeindemitglied der Fabrikant Carl Genth, der in einem Gardejägerbataillon Dienst getan hatte. Das Pfarrhaus stand für Zusammenkünfte der Kriegerfrauen zur Verfügung.

Anders als Dr. Strehler hat Richard Winkler der Pfarrchronik nur geringe Aufmerksamkeit geschenkt, so dass wir über das innere Leben der Gemeinde in jener Zeit nur wenig erfahren. Meist beschränken sich seine Einträge auf wenige Zeilen. Hier sei das angeführt, was er während der Kriegsjahre schrieb:

1915: Im Frühjahr wurde die Südschule als Kaserne für das Ersatz-Reserve-Infanterie-Regiment Nr. 1 eingerichtet. Den Militärgottesdienst sowie die Abschiedsgottesdienste übernahm der Kuratus [d. i. Richard Winkler], *desgleichen die Pastorierung der auf Arbeitskommando in den Gemeindebezirk entsandten polnischen Kriegsgefangenen.*

1916: Das Ersatz-Reserve-Regiment Nr. 1 wurde durch das 2. Gardereserve-Regiment ersetzt. Den Militärgottesdienst übernahm Herr Militärpfarrer Groß. Am 7.5. fand unter großer Beteiligung eine gemeinschaftliche heilige Kommunion der Frauen und Mädchen um glückliche Beendigung des Krieges statt.

1917: Ende Juni wurden die beiden großen Glocken als Kriegsmaterial abgeliefert, nachdem sie im Turm zerschlagen worden waren. Der Erlös in Höhe von 11.800 M wurde in Kriegsanleihe angelegt.

1918: Anlässlich der Entscheidungskämpfe im Westen wurde am 5.4. ein feierlicher Bittgottesdienst vor ausgesetztem Allerheiligsten gehalten.

Auch über die folgenden Jahre ist wenig überliefert. Doch es ist immerhin zu verzeichnen, dass im September 1919 Kaplan Renger aus Sagan in gleicher Eigenschaft nach Zehlendorf versetzt wurde, der Kurat also Unterstützung erhielt in einer Zeit, die durch die vielfältigen wirtschaftlichen und sozialen Probleme im Gefolge der Errichtung der Republik sowie der bald einsetzenden Wirtschaftskrise geprägt wurden. Zum 1. August 1920 wurde die Kuratie Zehlendorf dann auch zur Pfarrei erhoben, und am 14. September 1921 erfolgte die feierliche Pfarreinführung. Der durch andere Verpflichtungen verhinderte Bürgermeister wurde dabei durch mehrere Stadträte und Bezirksverordnete als Abgesandte der politischen Gemeinde vertreten.

Herz Jesu Zehlendorf hatte einen festen Platz im Leben des kleinen Ortes gefunden, der bald darauf nach Berlin eingemeindet werden sollte, und die Kirche war dafür ein schönes Symbol. Um deren Errichtung, insbesondere um die Finanzierung des Baus, hatte sich der schon mehrfach erwähnte Fritz Nienkemper, der Verfasser der „Unpolitischen Zeitläufe", große Verdienste erworben. Als er am 2. Oktober 1922 zur letzten Ruhe bestattet wurde, folgte seinem Sarg eine große Menschenmenge. Manch einer der Älteren mag sich da noch an jene traurigen Zeiten erinnert haben, als sich die Gemeinde in einem angemieteten Tanzsaal zur heiligen Messe versammeln musste. Das gehörte glücklicherweise endgültig der Vergangenheit an.

Aber neue Sorgen machten sich breit, die wie die einfachen Gläubigen so auch die Geistlichkeit trafen. Die grassierende Inflation ließ es immer schwieriger werden, den Lebensunterhalt zu bestreiten, und so fand im November 1922 eine besondere Kollekte für Kaplan und Küster statt. Es musste gespart werden, wo es nur ging. Pfarrer Winkler notierte 1923 in der Chronik:

Im Oktober belief sich die Rechnung für das elektrische Licht auf zwei Milliarden M. Als monatliche Kirchslichtmiete wurde der Preis einer Straßenbahnfahrt festgesetzt. Der Abendgottesdienst wurde zur Lichtersparnis auf Nachmittag drei Uhr verlegt.

Um so bemerkenswerter ist es, dass am ersten Adventssonntag 1924 neue Glocken geweiht werden konnten, die jene ersetzen sollten, die während des Krieges eingeschmolzen worden waren. Nur die große Spendenbereitschaft der Gemeindemitglieder hatte es möglich gemacht, die Ausstattung der Kirche in dieser Weise zu vervollständigen.

Im folgenden Jahr wurde das Fronleichnamsfest mit ersten Mal mit öffentlicher Prozession begangen – auch dies ein Zeichen dafür, dass die katholische

Gemeinde ihren Platz im öffentlichen Leben Zehlendorfs gefunden hatte. Deutlich zeigte sich das auch, als Pfarrer Winkler am 20. Juni 1928 sein fünfundzwanzigjähriges Priesterjubiläum beging. Die Presse berichtete damals:

In dem kleinen Birkenhain zwischen der Herz-Jesu-Kirche und dem Pfarrhause bot sich gestern Vormittag kurz vor 9 Uhr ein freundliches Bild. Weißgekleidete Mädchen mit Kränzen im Haar, Kinder mit Fahnen in den Händen warteten mit dem Kirchenvorstand und den kirchlichen Vereinen auf ihren Pfarrer, der nunmehr seit 25 Jahren die Würde und Bürde eines Priesters der katholischen Kirche – davon 16 Jahre in Zehlendorf – trägt. Unter den Ehrengästen bemerkten wir vom Bezirksamt den stellvertretenden Bürgermeister Stadtschulrat Dr. Sandt und Stadtrat Hoge, sowie von der Bezirksversammlung den Vorsitzenden Dr. Meidinger, ein Zeichen, dass auch die kommunalen Körperschaften lebhaften Anteil an dem Ehrentage des Seelsorgers nahmen.

Heller Sonnenschein lag über dem Garten, als Pfarrer Winkler inmitten seiner Amtsbrüder erschien. Der Kirchenchor begrüßte ihn mit dem freudigen „Höre froh den Gruß ertönen!" und dann sprach Kaplan Spindel herzliche Worte des Dankes und der Fürbitte. Er erinnerte an die Zeit vor 25 Jahren, als der Jubilar die Priesterweihe erhielt und in die Schar derer eingereiht wurde, denen der Heiland den Auftrag gegeben hat: „Gehet hin in alle Welt!" Kennzeichnete in warmherziger Weise Pfarrer Winklers Hingabe an sein Priesteramt, seine heilige Begeisterung und zugleich seinen treuen Gehorsam gegen die Kirche. In seiner schweren, verantwortungsvollen Tätigkeit habe der Jubilar aber auch die Wahrheit des göttlichen Heilandswortes erfahren: „Mein Joch ist süß und meine Bürde ist leicht." Dank müsse ihn erfüllen gegen den, der das Opfer des Priesterlebens gleich dem des Abel und Abraham gnädig angenommen habe. Die Gemeinde habe den Wunsch, dass ihr Priester ihr noch lange in Gesundheit, in Liebe und Treue im Beruf erhalten bleiben möge. Alle Dank- und Bittgebete mögen zum Thron des Höchsten aufsteigen, auf dass der Jubilar auch weiter ein Segen sei für die ganze Pfarrgemeinde Zehlendorf.

Und dann eine eindringliche, rührende Szene: Mädchen in weißen Kleidern sagten im Sprechchor und in Einzelworten ihrem Pfarrer und Lehrer Dank. Weihevoll erklang das „Heilig" des Kirchenchors durch den sonnenüberstrahlten Garten. Der Zug ordnete sich und begab sich – der Pfarrer umgeben von Kindern, die eine grüne Kette trugen – zur Kirche, von deren Turm die päpstliche, die Kirchenfahne und die der Marianischen Kongregation wehte.

Mit einer g-Moll-Fuge von Bach wurde die Feier im Gotteshause eingeleitet, in deren Verlauf der Kirchenchor unter Leitung seines Dirigenten Hasselberg eine Missa brevis von Antonio Lotti klangschön und klangrein sang und damit den Stimmungsboden vorbereitete für die Festpredigt, die Erzpriester Beyer, Lichterfelde, hielt, und in der er in einprägsamen Worten die Stellung des Priesters in der katholischen Kirche, seine Aufgabe als Vermittler der göttlichen Wahrheit und der göttlichen Gnade klarlegte, tiefen Gedanken über das Opfer und das Priestertum des Neuen Bundes Ausdruck gab, und den schönsten Dank der Gemeinde für ihren Pfarrer in der Fürbitte für ihn im Gebet sah.

Im Anschluss an den Gottesdienst wurden dem Jubilar im Pfarrhause von den verschiedensten Seiten herzliche Glückwünsche ausgesprochen.

*

Die grosse Verehrung, die Pfarrer Winkler in seiner Gemeinde genießt, fand ihren beredten Ausdruck in dem starken Besuch, den die weltliche Feier am Abend im Lindenparksaal aufwies. Von der Gärtnerei Rothe und den Mitgliedern des katholischen Frauenvereins war der weite Raum reich ausgeschmückt. In der Mitte bildeten Kinder Spalier, durch das Pfarrer Winkler von Geheimrat Dahlheim geleitet wurde. Das Jubiläumskonzert bestritt das Adolf-Becker-Orchester und der Kirchenchor, der sich als eine musikalische, gut disziplinierte Chorvereinigung von hohem Niveau erwies. Die Begrüßungsansprache hielt Geheimrat Dahlheim. Die Feier sei keine leere äußerliche Zeremonie, sondern innerste Herzenssache und Bekundung dessen, dass in der Herz-Jesu-Gemeinde freudige und hingehende Übereinstimmung zwischen Hirt und Herde besteht.

In bewundernswertem Opfersinn haben die Gemeinde-Mitglieder die Mittel bereitgestellt für die Beschaffung der Engelfigur, die an der Mariensäule der Kirche seit nahezu 20 Jahren noch fehlte, und die Professor Limburg geschaffen hat, und für den Opferkelch, der Pfarrer Winkler in dankbarer Verehrung überreicht worden sei. Dafür gebühre allen herzlicher Dank. Mit der Wertung des Priesterstandes steige und falle die Wertung der Religion. Bedächtig und besonnen wollen sich die Gemeindemitglieder der Führung des Priesters anvertrauen, dann habe man die sicherste Gewähr dafür, dass das Leben pflichtgemäß und rein geführt werde und sich vollende.

Im weiteren Verlauf des Abends gedachte dann noch Kaplan Spindel in humorvollen Worten der Umsicht und Tüchtigkeit der Schwester des Pfarrers, die ihm mit Liebe und Treue den Haushalt führt. Der ganze Abend stand unter dem Zeichen herzlicher Freude über den Jubiläumstag, den die Gemeinde der Herz-Jesu-Kirche erleben durfte.

Die Weimarer Republik ging ihrem Ende entgegen, und wenngleich Zehlendorf trotz aller wirtschaftlichen Schwierigkeiten und der immer wieder aufflammenden Schlägereien zwischen Anhänger linker und rechter Parteien, von denen besonders Berlin gekennzeichnet war, einigermaßen ruhig blieb, wurde doch auch hier der heraufziehende Wandel spürbar, der in der Ernennung Adolf Hitlers zum Reichskanzler am 1. Januar 1933 gipfelte.

Ein Stimmungsbild jeder Tage, in dem sowohl das nach wie vor weitgehend harmonische Binnenleben der Kirchengemeinde deutlich wird, das von großer Zuneigung zu Pfarrer Winkler getragen war, wie sich auch das drängender werdende Erfordernis zeigt, sich in irgend einer Weise mit den neuen Machthabern zu arrangieren, liefern die Zeitungsberichte, die zum fünfundzwanzigjährigen Jubiläum des Kirchenbaus erschienen. Ein Beispiel dafür sei hier angeführt:

Es war am 6. September 1908, als die neuerbaute katholische Herz-Jesu-Kirche an der Riemeister- und Elsestrasse durch den Kardinal-Fürstbischof Dr. Kopp, Breslau, im Beisein des Preussischen Kultusministers Dr. Holle und zahlreicher hoher geistlicher Würdenträger geweiht und ihrer Bestimmung übergeben wurde. Am 6. September d. J. gedachten wir in unserem Blatte in einem Jubiläumsartikel der 25-jährigen Wiederkehr dieses für unsere katholischen Mitbürger bedeutsamen Tages und wiesen darauf hin, dass die Gemeinde aus Anlass der Beisetzung ihres Bischofs Dr. Schreiber, Berlin, die „Gedenkfeier an den Tag der Weihe" auf den 1. Oktober verschoben habe.

Diese Feier wurde nun gestern unter überaus starker Beteiligung der Gläubigen der katholischen Pfarrgemeinde in der Herz-Jesu-Kirche, die mit Girlanden und den Kirchenfahnen festlich geschmückt war, begangen.

Schon am Mittwoch, Donnerstag und Freitag voriger Woche fanden als Einleitung zu dem Kirchenfeste in der Kirche Vorträge des wortgewaltigen Kölner Dompredigers P. Dionysius Orthsiefer über Gott, Christus und die Kirche statt, die jedes Mal das Gotteshaus bis auf den letzten Platz von einer andächtigen Zuhörerschar gefüllt sahen. Der Sonnabend gab den Gläubigen Gelegenheit, zur heiligen Beichte zu gehen, und am Sonntag ging dann eine nicht endenwollende Schar zum Tisch des Herrn.

Der Festgottesdienst, der mit der Feier des Rosenkranzfestes zusammenfiel, begann um 9 Uhr. Im Altarraum hatten Fahnenabordnungen der katholischen Studentenverbände „Germania" und „Suevia", sowie der weiblichen und männlichen Jugendorganisationen (Mädelschaft vom Gral, Heliandbund, der Jungmannschaft und Sturmschar des Neudeutschlandbundes und des Arbeitervereins) mit ihren Fahnen und Wimpeln Aufstellung genommen. Organist Hasselberg spielte eingangs das Präludium aus G-Dur von J. S. Bach, worauf der Kirchenchor unter Leitung des Lehrers Berger eine vierstimmige Messe: Missa brevis von Antonio Lotti in wundervoller Tonfülle sang. Hieran schloss sich ein feierliches Levitenamt, das Pfarrer Winkler unter Assistenz des Pfarrers Woywode, Schlachtensee, und des Kaplans Dr. Bugla hielt.

Dann betrat Pater Orthsiefer die Kanzel und gedachte in seiner Festpredigt zunächst der Zeit, da vor 25 Jahren die dem göttlichen Herzen Jesu geweihte Kirche den ersten Gottesdienst erlebte. Seit diesem Tage hätten Tausende die weltumfassende Sprache des ewigen Gottes und die immerwährende Jesusliebe in diesem Hause vernommen; hätten hier im Gebet Glauben und Zuversicht für die Aufgaben des irdischen Lebens gewonnen. Je rastloser und unruhiger das Menschenleben dahinfließe, um so notwendiger brauche der Mensch eine Stätte, wo der Geist gesammelt und erfüllt werde mit den ewigen Gaben Gottes. Wohl verkündige auch die Natur, das Blatt am Baume, die Blüte der Pflanze, kurz jedes Lebewesen, die Größe und Güte des allmächtigen Gottes. Aber niemals werde der menschliche Geist in der Natur seine volle Befriedigung finden. Wir brauchen eine Stätte, wo wir dem lebendigen Gott ganz besonders nahe sind, wo wir den König des Lebens grüßen, wo Gott zu jeder Menschenseele eine ganz besonders eindringliche Sprache redet, wo den betenden Gläubigen Gnade, Licht und Segen in die Herzen gegeben wird. Eine solche Stätte ist dieses schöne Gotteshaus 25 Jahre hindurch gewesen. Hier sind viele Menschen eingetreten, die ihre Seelen restlos hingaben an Gott und seinen Sohn Jesus Christus und riefen: „Gott sei mir Sünder gnädig", die die Gotteskindschaft suchten und fanden, die hier eine wundersame Heimstätte erlebten, wenn sie aus Sünde und Not herauswollten. Hier soll sich die Jesusliebe umsetzen in die Liebe der Gemeindemitglieder untereinander, in der einer den anderen trägt in Liebe und Zuvorkommenheit, wo einer sich dem andern verantwortlich fühlt zu helfen in den Werken der Caritas. Ehe du die Schwächen eines andern beurteilst, gehe hier hinein in die Stille und lerne Deine eigenen Schwächen erkennen. Und der Gott der Liebe schenke Euch in Gnaden, dass Ihr werdet eine wahrhafte Gemeinde des Glaubens, der Hoffnung, der Heiligung und der Liebe.

Im Anschluss an die Predigt gingen nun zahlreiche Gemeindeglieder zur Kommunion, bei der der Kirchenchor nach dem „Agnus Dei" das Kommunionslied aus der „Deutschen Messe" von Franz Schubert sang. Mit dem Präludium und Fuge in C-Dur von J. S. Bach schloss der Festgottesdienst.

Nachmittags um 5 Uhr fand dann noch eine Schlussandacht mit Segen statt, bei der der Kirchenchor durch den Vortrag vierstimmiger Marienlieder mitwirkte. Die Predigt hatte zum Thema: „Die Kirche und der neue Staat." Das Te Deum und Segen beendeten die Jubiläumsfeier.

*

In Ergänzung unseres gestrigen Berichtes über den Festgottesdienst am Vormittag seien noch folgende Mitteilungen angeschlossen: Nach dem feierlichen Hochamt (Levitenamt), bei dem Salvatorianerfrater Ludwig assistierte, begann der Aufmarsch der Gratulanten im Pfarrsaal, wo die Schwester des Pfarrers Winkler, Frau Weinert, die Kaffeetafel hergerichtet hatte. Abordnungen des Kirchenvorstandes, der Katholischen Bürgergesellschaft, des Katholischen Frauenbundes, des Arbeitervereins und Kirchenchores bekundeten ihrem Präses ihre Liebe und Verehrung. Professor Limburg, der Schöpfer der „Madonna" und des „Musizierenden Engels" in der Kirche, Dombaumeister Kühn, Studentenabordnungen der Korps „Germania" und „Suevia" und viele andere mehr überbrachten ihre Glückwünsche.

Eine besondere Note bekam die um 5 Uhr abgehaltene Schlussandacht durch das Predigtthema „Unsere Kirche im neuen Staat". Der Kirchenchor brachte eingangs 2 Strophen des Marienliedes „An die Gottesmutter" von Alban Ligg in den besonders rhythmisch charakteristischen Stellen in vollendeter

Harmonie zu Gehör. Mit Spannung wurde sodann von der die Kirche bis auf den letzten Platz füllenden Zuhörerschar die Stellungnahme des katholischen kirchlichen Lehramts zum neuen Staate durch den Kölner Domprediger Pater Dionysius Orthsiefer entgegengenommen. Wir lassen einige seiner Hauptgedanken nachstehend folgen:

Der Umbruch unserer Zeit stellt eine im Weltgeschehen vorwärts drängende Epoche dar. Als katholische Christen dürfen wir nicht achtlos an den Geschehnissen unseres Vaterlandes vorbeisehen oder gar abseits stehen. Denn so unverdient jeder von uns ein Kind seiner Kirche ist, so unverdient bin ich auch ein Kind des deutschen Vaterlandes. Gott will es, darum bin ich ein Deutscher. Weiterhin ist dieser deutsche Mensch in seine Volksgemeinschaft gesellschaftlich hineingestellt mit der Berufung, dieser Gemeinschaft zu dienen. Auch das wollte Gott, gleichviel, ob uns in dieser Gemeinschaft ein glücklicher oder beschwerlicher Lebensweg beschieden ist. Gerade trübe Zeiten sind Fingerzeige Gottes und geben uns weise Lehren und Anlass zur Selbstprüfung. Die Geschichte unglücklicher Zeiten – es sei an 1806/7 erinnert – liefert hierfür den schlagendsten Beweis. Jedes Glied einer Gemeinschaft hat die gottgewollte Pflicht, das Schicksal dieser Gemeinschaft mittragen zu helfen. Wer sich dieser Pflicht nicht bewusst ist, ist ein Verräter an der Volksgemeinschaft.

Wir kennen ja jene Separatisten am Rhein und an der Ruhr, die nicht deutsche Not und deutsches Schicksal tragen wollten, und durch gewissenlose Angeberei dem englischen Gouverneur nur ein „Pfui" entlockten. Du sollst als Glied deiner Volksgemeinschaft nicht feige abseits stehen, sondern ihr mit allen Kräften dienen. Die neue nationalsozialistische Bewegung hat das Gemeinschaftsgefühl stark aufgerüttelt. An die Stelle des „Ich-Geistes" tritt nun der „Gemeinschaftsgeist". Gemeinnutz geht vor Eigennutz. Der 1. Mai zeigte den geeinten Arbeiterstand. Heute am 1. Oktober erweist das gesamte deutsche Volk dem Nährstand die wohlverdiente Achtung und Ehre. Gerade das Christentum ist durch seine moralisch-ethische Struktur befähigt, dem Volksganzen zu dienen, und glühende Vaterlandsliebe entzündet sich am Besten im Angesichte des Kreuzbildes Jesu.

Wenn jetzt von einem „berufsständischen Einbau" in die Gemeinschaft gesprochen wird, bei dem jedes Berufsregister seine Eigenart behalten kann, so ruht das Fundament dieses Gedankens in Gott, dem jeder Verantwortung schuldig ist. Gott verlangt von dir Berufstreue.

O glückliches Deutschland! Mit deinen herrlichen Seen und Wäldern! Deiner Sprache, deinen Liedern und Lobgesängen; o glücklicher Deutscher! Bist du, deutscher Katholik, dir dieser nationalen Berufung immer bewusst gewesen? Wer sich an seinem Volke vergeht, vergeht sich an Gottes Absicht. Der Opfergeist der Liebe zum Volksganzen ist gottgewollt. Die Mahnung: „Betet Brüder!" gilt für Euch, liebe deutsche Katholiken! Betet für eure Führer, damit sie den wahren Opfergeist erwecken, damit dadurch eine innere Wandlung im Volke hervorgerufen wird und die Reichsidee zur Verwirklichung gelangt.

Ein Gebet für Führer und Volk beschloss die eindrucksvolle Predigt, nach der der Chor das Marienlied „Abendglöckchen sendet Klänge" sang. An der Feier nahm auch der Kapitularvikar von Berlin, Prälat Dr. Steinmann, teil Mit dem Lobgesang und dem Chorlied „Tantum ergo" von Bruckner schloss die kirchliche Schlussfeier des Jubeltages.

Richard Winkler versah weiter tapfer seinen Dienst an Gott und den Menschen, wobei ihm seit Mitte 1933 Kaplan Bugla zur Seite stand.

Für das Jahr 1934 finden wir keinen Eintrag in der Pfarrchronik. Erst zum folgenden Jahr ist wieder etwas vermerkt, und es beginnt mit einer traurigen Nachricht:

Am 6. April 1935 ist nach 23jähriger Amtszeit in Zehlendorf Pfarrer Richard Winkler an doppelseitigem Schlaganfall gestorben. Er war für Zehlendorf ein hochgebildeter, feinsinniger Seelsorger, dem das Laute und Auffallende nicht lag. Die ernsten und tiefer gearteten Seelen haben in ihm einen treuen und verstehenden Seelenführer verloren. Organisationstalent war er nicht, weshalb er auch viel verkannt wurde. Allerdings stellte und stellt Zehlendorf immer größere, vor allem auch organisatorische Aufgaben, da die Stadtrandsiedlung auch in unserer Pfarrei stark wirkt. Die Gläubigen sind großenteils Intellektuelle, die zunächst kritisch zurückhaltend sind, wenn aber vom Guten überzeugt, sich auch gern einsetzen. Die Zeit der Pfarrverwesung lag in einer schweren kirchenpolitischen Situation. Allerdings ist die katho-

^ *Abb. 3 u. 4: Beerdigung von Pfarrer Bruno Winkler, Prozessionszug an der Ecke Schmarjestraße/ Milinowskistraße*

lische Kirchengemeinde im Zehlendorfer Bezirk gut angesehen, sodass auch in diesem Jahre die große Fronleichnamsprozession durch die Strassen stattfinden konnte. Durch den Druck des Bezirksamtes haben jedoch die katholischen Vereine kleine Einbussen erlitten, da die städtischen Beamten sich verpflichten mussten, konfessionelle Vereine zu meiden und dasselbe bei den Familienangehörigen durchzusetzen. Durch die Sedisvakanz des Bischofsstuhles dauerte die Administratur ein halbes Jahr. Erst am 9. Oktober 1935 wurde Herr Pfarrer Anders, bislang Pfarrer von Anklam in Pommern, ernannt zum Pfarrer von Herz-Jesu, Zehlendorf, durch Bischof Conrad v. Preysing, von Erzpriester Msgr. Beyer in sein neues Amt eingeführt. Damit endete das Amt des Administrators Dr. Bugla, der nunmehr Zehlendorf verlässt, um als Kuratus in der neuen Gemeinde Herzfelde bei Rüdersdorf zu wirken. Schon am 1. August bekam Zehlendorf einen neuen Kaplan in der Person des Neupriesters Paul Fleischer, der nach der Einführung des Herrn Pfarrer Anders an die Stelle von Kaplan Dr. Bugla tritt.

KARL ANDERS

Der neue Pfarrer hatte reiche Erfahrung mit dem Leben in der Diaspora, denn Anklam, wo er 23 Jahre gewirkt hatte, war stark protestantisch geprägt. So empfand er die Verhältnisse, in die er gelangte, als sehr positiv, wohl nicht zuletzt wegen des allen politischen Drucks zum trotz noch immer regen katholischen Gemeinde- und Vereinswesens in Zehlendorf. Doch die Beeinträchtigungen der Wirkungsmöglichkeiten des Pfarrers wuchsen. So erhielten die Geistlichen seit Oktober 1937 keinen Zutritt mehr zu den Volkschulen, und der Religionsunterricht musste im Pfarrsaal abgehalten werden.

Dramatisch entwickelten sich die Verhältnisse für Kaplan Fleischer. Pfarrer Anders notiert dazu in der Pfarrchronik:

Am Christkönigsfest [26. Oktober] 1937 hielt in allen Gottesdiensten Herr Kaplan Fleischer die Predigt. Aus seiner rein religiösen Schau heraus berührte er auch unbewusst politisches Gebiet. Er wurde infolgedessen angezeigt und von der Geheimen Staatspolizei gesucht. Vom 3. November ab war er 2 ½ Wochen unbekannten Aufenthalts. Er ist vom Bischof beurlaubt worden. Am 23. November zeigte er sich zum ersten Mal in der Pfarrei, ohne nähere Angaben zu machen.

Der Kaplan kam noch einmal mit einem blauen Auge davon, und im Januar 1938 wurde er nach Rathenow versetzt.

Das katholische Leben konnte sich in den Vorkriegsjahren bei den Fronleichnamsprozessionen auch noch außerhalb der Kirche präsentieren, beispielsweise

^ *Abb. 5: Fronleichnamsprozession in der Milinowskistraße*

bei den Fronleichnamsprozessionen. Sich an diejenigen der Jahre 1937 und 1938 erinnernd schrieb Pfarrer Anders:

Die Zehlendorfer Fronleichnamsprozession, ein liebliches, unvergessliches Bild für alle Teilnehmer! Wir sind an der Grenze der Riesenstadt, die großen Mietskasernen haben aufgehört, die Menschen wohnen weiter voneinander – und deshalb näher aneinander. Villenviertel, Siedlungen, Parks und freies Feld wechseln mit einander ab. Wirklich einer der schönsten Vororte Berlins. Die Prozession, in guter Ordnung geführt, zieht durch heitere, freundliche Villenstrassen. Bunt hängen Rosen und Jasmin über die Zäune, unter dem hohen Baldachin grüner Bäume zieht der Baldachin mit dem Allerheiligsten dahin, bis zum ersten Altar an der Villa Weiß, Riemeisterstraße. Dann biegt die Prozession in das wunderschöne Tal, den Fischtalgrund, und seine herrlichen Anlagen ein, die diesen Ort am äußersten Rande des Grunewaldes so auszeichnen. Auf idyllischen Parkwegen zieht der Heiland dahin – aufwärts, hinauf auf den Hügel, der das Tal beherrscht. Ein Kreuz auf dem Gipfel, über einem Altar, vom Zehlendorfer Arbeiterverein errichtet, ragt ihm entgegen. Und nun erfüllt die Prozession das Tal. Da stehen die weiß gekleideten Mädchen mit den Blumenkränzen im Haar, die diesjährigen Erstkommunikanten mit brennenden Kerzen, die Jugendverbände, die Mütter und Frauen der Gemeinde, eine stattliche Anzahl Männer, die Mitglieder des Kirchenvorstandes, alle überragt von ihren Standarten, alle den Hügel einnehmend, auf dem der Priester nun das Allerheiligste hoch über der Menge, hoch über dem ganzen Ort, nach Osten, der Sonne entgegen, segnend erhebt. Und unter dem weiten freien Himmel, zum leisen Rauschen der Bäume ertönt das „Pange lingua" – ein Höhepunkt im wahrsten Sinne des Wortes!
Zurück geht die Prozession hügelab, an Hängen entlang, zur Milinowskistraße, wo der dritte Altar an der Villa Däbritz steht und findet dann ihr

^ *Abb. 6: Fronleichnamsprozession, zurück an der Kirche*

Ende an dem vom Mütterverein geschmückten Altar an dem Kirchenportal. Das feierliche „Tedeum" erschallt, die Gläubigen füllen zum letzten Segen das Gotteshaus. Unvergesslich wird diese Prozession für alle Teilnehmer bleiben. Sie ist ein Zeichen für die Glaubensfreudigkeit und den Glaubensmut der Zehlendorfer Gemeinde.

Schon 1938 zeigte allerdings, das sich die Behörden bemühten, das christliche Brauchtum in der Öffentlichkeit mehr und mehr zu beschneiden. In der Pfarrchronik heißt es:

Am Sonntag, den 19. Juni, fand unsere Fronleichnamsprozession statt. Der Bezirksbürgermeister von Zehlendorf hatte den Antrag um Genehmigung, auf der Berghöhe im Fischtal einen Altar zu errichten, abgelehnt. Es war eine schmerzliche Enttäuschung. Die Beteiligung der Gläubigen an der Prozession war größer als im Vorjahre.

Der letzte Satz zeigt, dass die Gemeindemitglieder keineswegs gewillt waren, sich sang- und klanglos von den Ausdrucksformen ihres Glaubens zu verabschieden. Die zahlreiche Teilnahme an der Prozession war ihre stille Form des Protestes. Auch in den Jahren 1939 und 1940 folgten viele Gemeindemitglieder am Fronleichnamsfest der Monstranz, und als das Reichskirchenministerium 1941 besondere kirchliche Feiern an Himmelfahrt und Fronleichnam verbot, fand der traditionelle Zug durch die Straßen Zehlendorfs am Sonntag nach Fronleichnam statt, wieder unter sehr großer Beteiligung der Bevölkerung.

Der Krieg machte sich auch im Gemeindeleben immer stärker bemerkbar. Seit Oktober 1940 durften Gottesdienste auf Befehl des Führers nicht vor 10 Uhr beginnen, wenn in der Nacht zuvor nach 24 Uhr ein Fliegeralarm stattgefunden hatte, und in der Weihnachtsnacht des Jahres musste die Christmette wegen Verdunkelung und Alarmgefahr ausfallen. Mit päpstlicher Erlaubnis fand sie schon am Nachmittag des Heiligen Abends statt. Die Kirche war überfüllt, wie die Pfarr-chronik vermerkt.

Bei einem englischen Luftangriff in der Nacht vom 12. auf den 13. April 1941 wurden Kirche und Pfarrhaus durch eine in der Nähe einschlagende Luftmine beschädigt, doch glücklicherweise hielten sich die Zerstörungen in Grenzen.

Schon im Oktober 1940 musste Pfarrer Anders, der am 21. Juli seinen 60. Ge-burtstag gefeiert hatte, einen mehrmonatigen Krankenhausaufenthalt antreten, so dass zunächst die Last der Gemeindearbeit allein auf den Schultern von Kaplan Lange lastete. Unterstützung fanden er und nach seiner Rückkehr ins Amt auch Pfarrer Anders durch P. Johannes Kipp S.J., der bei der Besetzung Litauens durch die kommunistischen Machthaber der Sowjetunion ausgewiesen worden war. Im Dezember 1941 musste sich Pfarrer Anders jedoch erneut ins Krankenhaus bege-ben, und am Abend des 3. Januars 1942 verstarb er. Es war dies der Priestersams-tag zwischen dem Herz Jesu-Freitag und dem Fest des Allerheiligsten Namens Jesu.

Über das Wirken von Pfarrer Anders schrieb Kaplan Lange, der zum Pfarrad-ministrator ernannt wurde:

In den sechs Jahren, die er hier war, hat Pfarrer An-ders viel für seine Zehlen-dorfer Gemeinde und Kir-che getan. Die vollständige Renovierung der Kirche, die Aufstellung des Kreuzes im Pfarrgarten, der Herz-Je-su-Altar und die neue Mari-enfigur sind sein besonderes Verdienst. Seine grösste Sor-ge galt in den letzten Jahren den an der Front stehenden Gemeindemitgliedern und seiner Pfarrjugend.

^ Abb. 7: Beerdigung von Pfarrer Anders, Prozession in der Schmarjestraße

Am 6. und 7. Januar hatte die Pfarrgemeinde Gelegenheit, Abschied zu neh-men von ihrem Pfarrer, der – nach seinem eigenen Wunsch nur mit Reverende, Rochett und Stola bekleidet – in der Kirche aufgebahrt war.

Das Requiem wurde am Freitag, dem 9. Januar, um 9.30 Uhr in Anwesen-heit des hochwürdigsten Herrn Bischofs Konrad in der Pfarrkirche gefeiert. Es wurde zelebriert vom hochwürdigen Prälaten Piossek unter Assistenz von Herrn Pfarrer John und Herrn Kaplan Lange. Unter großer Beteiligung fand anschließend die Beisetzung auf dem Zehlendorfer Friedhof statt. Dort ruht Pfarrer Anders an der Seite von Herrn Pfarrer Winkler.

Anfang 1942 mussten die beiden großen Glocken der Kirche zur wehrwirtschaftlichen Verwendung abgeliefert werden. Sie wurden nicht – wie 1917 – zerschlagen, sondern durch das Turmfenster ausgebaut.

FRANZ RITTAU

Am 10. März 1942 erfolgte dann die Ernennung des bisherigen Domvikars Franz Rittau zum Pfarrer unserer Gemeinde, am 19. April wurde er feierlich in sein Amt eingeführt. P. Kipp verließ die Pfarrei und war von Mai 1942 an als Kaplan in St. Hedwig, Berlin, tätig.

Die ersten Amtsjahre des neuen Pfarrers standen ganz im Lichte der kriegerischen Ereignisse. Immer öfter zeigten sich die feindlichen Flugzeuge mit ihrer tödlichen Bombenfracht am Himmel, wobei auch Zehlendorf schwer in Mitleidenschaft gezogen wurde. In der Nacht des 17. Januars 1943 traf eine Stabbrandbombe den Dachstuhl des Pfarrhauses, doch das entstandene Feuer konnte schnell gelöscht werden. Schlimmer erging es der St. Hedwigs-Kathedrale in Berlin-Mitte, die bei einem Bombenangriff am 1. März 1943 in Schutt und Asche gelegt wurde. In derselben Nacht wurde auch der Bahnhof in Zehlendorf schwer beschädigt, im Pfarrhaus gab es Glasbruch, unsere Kirche erlitt Schäden am Dach. Am 24. November 1943 brannte dann das Bischöfliche Ordinariat restlos aus.

Die Luftangriffe auf Berlin hielten auch in den kommenden Jahren unvermindert an. In der Nacht vom 1. auf den 2. Januar 1944 traf es Zehlendorf mit großer Härte, wobei Dächer und Fenster von Kirche und Pfarrhaus schwer mitgenommen wurden. In der Nacht vom 15. auf den 16. Januar landete eine Phosphorbombe direkt neben der rechten Außenmauer der Kirche, doch weil es sich um einen Blindgänger handelte, blieb unser Gotteshaus wieder von der vollständigen Zerstörung verschont. Auch eine Stabbrandbombe, die das Dach der Sakristei traf, brannte aus, bevor sie größeren Schaden anrichten konnte. Am 29. April erfolgte dann großer Angriff bei Tage auf den BVG-Busbahnhof unweit unserer Kirche (heute steht dort der Rosenhof), wobei es erneute Fensterschäden in Kirche und Pfarrhaus gab.

Doch die Gemeinde blieb treu im Glauben, wie sich beispielsweise im Mai 1943 zeigte, als der Berliner Bischof Conrad Graf von Preysing in unserer Kirche 135 Firmlingen aus den Pfarrgemeinden Zehlendorf, Schlachtensee, Klein-Machnos und St. Annen in Lichterfelde die heilige Firmung spendete. Auch fand am 27. Juni bei strahlendem Sonnenschein unter großer Beteiligung der Bevölkerung die gewohnte Fronleichnamsprozession statt.

Der Krieg ging zu Ende, wieder begann eine neue Zeit, in der sich alle einrichten mussten. Für uns Heutige ist es schwer nachzuempfinden, was damals geschehen ist. Von den Schwierigkeiten, allein das Notwendigste zum Leben zu erlangen, ein Obdach für die Nacht zu finden und in der zusammenbrechenden und sich dann unter anderen Vorzeichen neu formierenden Ordnung seinen Platz zu finden, kann man sich kaum einen Begriff machen. Auch unsere Gemeinde musste sich neu formieren, während sie die Alltagsprobleme bewältigte. Ein Streiflicht auf jene Tage, das von den Nöten der Zeit kündet, aber auch von dem unverbrüchlichen Willen zum Neuaufbau, werfen die Einträge, die Pfarrer Rittau für das Jahr 1945 in der Chronik vornahm:

Das neue Jahr beginnt mit äußerster Verschärfung der Kriegslage, besonders im Osten. Die Luftangriffe bei Tag und Nacht werden immer zahlreicher. Der Vormittagsgottesdienst an Sonntagen ist mehrfach durch Alarm gestört. Die Fastenpredigten hält Pfarrer Drews aus dem Bischöflichen Ordinariat, konnte sie aber wegen der Störungen durch Luftangriffe nicht an allen Fastensonntagen halten.

Die Front im Osten rückt immer näher an Berlin heran. Am 22. 4. beginnt auch von Süden (über Teltow) der Beschuss, die Bevölkerung bezieht die Kellerräume.

Am 25. 4. Einmarsch der Roten Armee in Berlin-Zehlendorf von Teltow her, ziemlich kampflos. Vom ersten Tage der Besetzung an bleibt durch Erlass der Besatzungsarmee die Kirche für Gottesdienste geöffnet. Keinerlei Störungen. Mehrfache Einschläge und Fensterschäden, vor allem durch Flieger-Splitterbomben. Die Kampffront zieht sich weiter der Innenstadt zu.

6. Mai: K A P I T U L A T I O N !

Am Pfingstmontag, den 21. Mai, Erstkommunionfeier: 14 Kinder.

Kaplan Josef Hebing, bisher Sanitätssoldat, Angehöriger des Bistums Münster, übernimmt in der Pfarrei eine provisorische Kaplantätigkeit (Anfang August kehrt er in seine Heimat zurück).

Die Fronleichnamsprozession findet wie im Vorjahr im Kirchenraum statt.

4. Juni: Einzug der amerikanischen Besatzungsarmee und Übernahme des Sektors, zu dem Zehlendorf gehört. Die Heeresgeistlichen richten für ihre katholischen Soldaten Gottesdienst in unserer Kirche ein, der von nun an regelmäßig an allen Sonntagen, später auch an den Werktag-Abenden stattfindet (Father Hines, Father Hinnebusch, Father Powers).

August : Einrichtung eines Gottesdienstes im Gefangenenlager (deutsche Kriegsgefangene) Wiesengrund übernimmt Pfarrer Majewski, früher Gollnow. Übernahme des ehemals den Ursulinen gehörenden Hauses in der Kleinaustraße 10 durch das St. Ludwigsaltersheim, Lichterfelde; Einrichtung des Altersheims St. Ursula mit Hauskapelle: Hausgeistlichenstelle übernimmt Pfarrer Johannes Schulz, Flüchtling aus Westpreußen.

Anfang Juli erhielt das Pfarrhaus Zwangseinquartierung (Straßenevakuierte, deren Wohnungen für die amerikanischen Besatzungssoldaten freigemacht werden müssen).

Für den Anfang August nach der Heimat zurückgekehrten Kaplan Hebing übernimmt Pater Kipp S. J. eine ständige Sonntagsaushilfe und einen laufenden Vortragskursus für religiöse Erwachsenen-Bildung.

Ende Oktober Missionswoche für die katholischen Soldaten der amerikanischen Besatzungsarmee, Abschluss am Christkönigssonntag mit Predigt und Firmungsspendung durch unseren Hochwürdigsten Herrn Bischof Dr. Konrad Graf von Preysing.

Anfang November siedelt Se. Excellenz aus Hernsdorf nach Berlin-Zehlendorf-West, Bogotastrasse 10, über, wohnt nun also in Bereich unserer Pfarrei.

Am 2. XII. erscheint nach langen Bemühungen wieder Nr. 1 des neuen Berliner Kirchenblattes, das zwar zur Zeit nur in beschränkter Auflage erscheinen kann, nach dem aber alle lesehungrig greifen.

Am 16. Dezember eine kirchenmusikalische Andacht im Rahmen der Aktion: „Rettet das Kind!"

Am 19. 12. stirbt im St. Hedwigskrankenhaus nach vorangegangener Operation Pfarrer Johannes Schulz, Hausgeistlicher im Altersheim in der Kleinaustraße, und wird am 29. XII. auf dem Parkfriedhof Lichterfelde beigesetzt.

Am 22. Dezember veranstaltet die Pfarrjugend im Pfarrsaal ein Krippenspiel, anschließend Bescherung armer Kinder.

Am Heiligen Abend: Christmette 16.30 Uhr; Mitternachtsmesse für die amerikanischen Soldaten: Es predigt Weihbischof Sebiel aus Chicago.

Am 24. XII. stirbt im 72. Lebensjahr im St. Hedwigskrankenhaus Domkapitular und Hausprälat Dr. Adolf Strehler, der erste Seelsorger und Pfarrer unserer Zehlendorfer Gemeinde (1906-1912), unter dem unsere Herz-Jesu-Kirche erbaut wurde. Er hat diese Chronik auf Seite 1 begonnen. Seine Beisetzung fand statt am 2. 1. 1946 auf dem St. Hedwigsfriedhof in der Liesenstraße. R. I. P.

Das Jahr bringt zum Abschluss eine große und freudige Überraschung: Unser Bischof, Se. Excellenz Graf Konrad von Preysing, wird Kardinal.

Zum 1. Mai 1946 erhielt unsere Gemeinde dann auch wieder mit Maximilian Kurzinski einen Kaplan, nachdem Kaplan Lange schon 1943 nach St. Michael, Berlin, versetzt worden war. Die Vertretung von P. Kipp S.J. erlosch damit. Im selben Jahr konnte auch der Religionsunterricht an den Zehlendorfer Schulen wieder aufgenommen werden. Die Fronleichnamsprozession, nun wieder in der gewohnten Form im Freien abgehalten, fand guten Zuspruch, wenn es auch gegen deren Ende zu regnen begann. Im folgenden Jahr musste sie dann wegen heftigen Regens gänzlich in der Kirche abgehalten werden. Erst 1948 hatte der Himmel wieder ein Einsehen und bedachte die Prozession mit strahlendem Sonnenschein.

Das Jahr 1948 brachte allerdings mit der Berlin-Blockade wieder schwere Zeiten auch für die Zehlendorfer. Erst im April 1949 fand der sowjetische Versuch, West-Berlin auszuhungern, ein Ende.

Unsere Gemeinde bemühte sich, die Kriegsschäden an der Kirche zu beseitigen, so begannen etwa im Sommer 1949 die Restaurierungsarbeiten an den Fenstern, und auch das Gemeindeleben fand in ruhigere Bahnen zurück, bei denen aber Freude und Geselligkeit nicht fehlen sollten. Am Fronleichnamstag 1949 fand daher unter lebhafter Beteiligung zum ersten Mal nach dem Kriege wieder ein Gemeindefest in der „Alten Fischerhütte" statt.

Schon 1948 war die katholische Ursula-Schule neu eröffnet worden, und im Jahr 1950 kam der katholische Kindergarten an der Clay-Allee hinzu, dessen Leitung zwei Schwestern vom Dritten Orden des Heiligen Franz mit dem Mutterhaus in Vöcklabruck übernahmen.

1952 fand dann der Deutsche Katholikentag in Berlin statt, dessen Motto „Gott lebt!" lautete. Am 24. August gab es eine imposante Schlussfeier im Olympia-Stadion, und die Impulse, die durch diese Großveranstaltung gesetzt wurden, fanden auch in einem sich intensivierenden Gemeindeleben ihren Ausdruck. Die Pfarrei umfasste inzwischen immerhin mehr als 6000 Seelen. Pfarrer Rittau notierte 1953 in der Chronik:

Wir haben, den Bedürfnissen Rechnung tragend, einen vierten Gottesdienst in Form einer Abendmesse eingeführt, die gut besucht ist und die Fülle des Vormittagsgottesdienstes etwas entlastet. Die Vermietung von Sitzplätzen hat ab 1. 4. aufgehört.

Die Größe der Gemeinde machte es immer drängender, die Errichtung einer Kirche in Zehlendorf-Süd voranzutreiben, die auf dem Grundstück „Heimat" erfolgen sollte. Schon 1938 hatte es Bestrebungen in diese Richtung gegeben, die aber an Finanzierungsschwierigkeiten sowie dem bald darauf ausbrechenden Krieg gescheitert waren. Erst 1953 begannen die Pläne, greifbare Formen anzunehmen. Professor Dr. Erbs wurde als Architekt mit den Entwürfen beauftragt, und am 18. Juni des Folgejahres erfolgte der erste Spatenstich. Über die weiteren Entwicklungen der seit dem 1. April 1959 selbständigen Gemeinde St. Otto, die daraus erwuchs und die inzwischen wieder mit ihrer Muttergemeinde vereinigt worden ist, wird an anderer Stelle dieser Festschrift ausführlicher berichtet.

Ursprünglich zu Herz Jesu gehörte auch die Gemeinde St. Michael in Berlin-Schlachtensee. Schon mit dem 1. November 1936 wurde sie in kirchlich-seelsorgerischer Hinsicht selbständige Kuratie. Auch dort konnte 1953 mit dem Bau einer neuen Kirche begonnen werden, die dann den Namen „Zu den heiligen 12 Aposteln" erhielt und am 29. Juni 1954 geweiht wurde. Zum 1. Mai 1955 erfolgte die Einrichtung der Pfarrei Berlin-Schlachtensee, die damit auch vermögensrechtlich aus der langen Verbindung mit unserer Gemeinde ausschied.

Das Jahr 1955 begann mit einer traurigen Nachricht. Pfarrer Robert Lange, tätig an St. Elisabeth in Berlin-Schöneberg, verstarb am 26. Januar. Er hatte von 1938 bis 1943 als Kaplan in unserer Gemeinde gewirkt.

Nach dem Zweiten Weltkrieg erreichte das von den Nationalsozialisten systematisch bekämpfte und vernichtete katholische Vereinsleben nicht mehr das Niveau, das es einstmals inne hatte, aber gänzlich erloschen war es nicht. So kam es am 20. März 1955 zur Gründung einer lokalen Gruppe der K.A.B. (Katholischen Arbeiter-Bewegung), die aus dem ehemaligen Arbeiterverein St. Josef hervorgegangen war und 1956 ihr fünfzigjähriges Jubiläum feiern konnte.

Auch wurde 1956 das Pfarrgrundstück, das noch immer Eigentum der Muttergemeinde Berlin-Steglitz war, endlich auf unsere Gemeinde übertragen.

Bald stand wieder ein Jubiläum ins Haus. 1958 beging die Gemeinde feierlich den fünfzigsten Jahrestag der Errichtung unserer Kirche, allerdings mit Rücksicht auf den Deutschen Katholikentag, der wieder in Berlin stattfand, erst am Kirchweihfest, dem 16. November 1958. Kurze

^ *Abb. 8: Fronleichnamsprozession 1957, Altar auf dem Hügel im Fischtal*

Zeit zuvor waren die neu beschafften Glocken aufgehängt und geweiht worden, so dass sie das Kirchenjubiläum einläuten konnten. Dieses ehrte der Berliner Bischof Julius Döpfner, indem er in unserer Kirche ein Pontifikalamt mit Predigt hielt.

Das Jahr 1961 brachte dann durch die Entscheidung der Machthaber in der sogenannten DDR, die gesamte eigene Bevölkerung einzusperren, auch für die Berliner Kirche vielfältige Schwierigkeiten mit sich. Pfarrer Rittau notierte in der Pfarrchronik:

> *Die politischen Verhältnisse in der geteilten Stadt Berlin haben sich inzwischen so verschärft, dass der Ostteil der Stadt vom Westteil durch eine Mauer isoliert wurde und damit der Verkehr der Einwohner hinüber und herüber unterbunden wurde. Damit haben sich auch neue kirchliche Schwierigkeiten, zumal in den Grenzpfarreien ergeben. So musste die Inthronisation des neuen Bischofs schon zwei Mal, in Ost und West, stattfinden. Zur Zeit ist dem Bischof, der im Ostteil seinen Wohnsitz hat, wenigstens gestattet, an einigen Tagen des Monats den Westen zu besuchen. Den Pfarreien wurde anempfohlen, für die Anliegen der Zeit jeden Freitag eine Abendmesse zu feiern, die auch bei uns ab September eingeführt wurde.*

Ende 1962 schied unsere Gemeinde im Zuge einer Neuaufteilung der Dekanate des Bistums aus dem bisherigen Dekanat Berlin-Steglitz aus und gehört seitdem zu dem neu geschaffenen Dekanat Berlin-Zehlendorf. Das große Thema des Jahres war jedoch (nicht nur in katholischen Kreisen) der Beginn des Zweiten Vatikanischen Konzils, dessen feierliche Eröffnung am 11. Oktober im Fernsehen übertragen wurde. Die Bischöfe aus Ostdeutschland hatten eine Ausreisegenehmigung erhalten, und so konnte auch der Berliner Oberhirte, der am 22. Januar 1962 zum Erzbischof ernannte Alfred Bengsch an den römischen Sitzungen teilnehmen.

Schon im folgenden Jahr beschlossen die Konzilsväter eine grundlegende Reform der Liturgie. Beträchtliche Umwälzungen im kirchlichen Leben kündigten sich damit an, die für viel Unruhe und Wirbel sorgten und deren Auswirkungen bis heute ebenso spürbar sind wie die Fragen lebendig blieben, die manch Geistlicher und Laie an die „Modernisierung" knüpfte. Die aktuellen Auseinandersetzungen um die sogenannte tridentinische Liturgie legen dafür beredtes Zeugnis ab.

Das Konzil ging 1965 zu Ende, und in den Gemeinden begann es zu gären, wozu dann wenige Jahre später auch die gesellschaftlichen Umwälzungen in beträchtlichem Maße beitrugen. Pfarrer Rittau erlebte davon nur noch die Anfänge mit, denn überraschend verstarb er am 19. Februar 1966, nachdem er noch zwei Jahre zuvor sein 40. Priesterjubiläum feiern konnte.

Im „Petrusblatt" war folgender Nachruf zu lesen:

> *Einen Tag nach seinem 66. Geburtstag verstarb am vorletzten Sonnabend früh Geistlicher Rat Franz Rittau, der Pfarrer der Zehlendorfer Herz-Jesu-Gemeinde. Er hatte noch die Abendmesse zelebriert und wurde dann ins Krankenhaus eingeliefert. Er starb noch im Laufe der Nacht.*
>
> *Der Verstorbene, der aus Königshütte stammte, war 1924 zum Priester geweiht worden. Nach mehrjähriger Kaplanstätigkeit an den Pfarreien Zur Heiligen Familie und St. Johannes wurde er 1931 Domvikar und Hausgeistlicher im St.-Nikolaus-Stift. Elf Jahre lang wirkte er außerdem als bischöflicher Zeremoniar und Ordinariatssekretär. Unter den Bischöfen Christian Schreiber, Nikolaus Bares und Konrad Kardinal von Preysing erlebte Franz Rittau die Jahre der weltanschaulichen Auseinandersetzung und des sich zuspitzenden Kirchenkampfes mit. Man kann es bedauern, dass von ihm über diese Zeit keine Aufzeichnungen hinterlassen wurden.*
>
> *Im April 1942 übernahm Pfarrer Rittau die Herz-Jesu-Gemeinde. Fast 25 Jahre lang war er den Gemeindemitgliedern ein treuer, korrekter und immer einsatzbereiter Pfarrer. Seit anderthalb Jahren bereitete ihm die Generalüberholung der Kirche viel zusätzliche Arbeit und manche Sorgen. Die Fertigstellung sollte er nicht mehr erleben.*
>
> *Während seiner Amtszeit entstanden die Tochtergemeinden St. Otto und Zu den heiligen zwölf Aposteln, wodurch die Gläubigen Zehlendorfs in kleineren Gemeinden zusammengefasst werden konnten.*
>
> *Der pflichtbewusste Priester, der sonst keine Krankheiten gekannt hatte, starb plötzlich und unerwartet, nachdem er im St.-Gertrauden-Krankenhaus aus der Hand seines Kaplans die Sterbesakramente empfangen hatte.*
>
> *Die Beerdigung hat am Donnerstag auf dem Städtischen Friedhof in der Onkel-Tom-Strasse stattgefunden. Dort ruht Pfarrer Franz Rittau neben seinen beiden Vorgängern. R. i. p.*

HERZ JESU ZEHLENDORF

DIE JÜNGSTEN 43 JAHRE DER PFARREI HERZ JESU

VON MARTIN SURMA

GEORG ADAMSKI

Seit 1963 war Georg Adamski als Kaplan unter Pfarrer Rittau in der Pfarrei Herz-Jesu tätig. Er trat in unserer Gemeinde seine dritte Kaplansstelle an nach St. Wilhelm in Berlin-Spandau und St. Elisabeth in Berlin-Schöneberg. Nach dem Tod von Pfarrer Rittau wurde er zum Pfarradministrator von Herz-Jesu ernannt. Am 6. April schließlich übertrug ihm der Bischof von Berlin die Pfarrei, und am 24. April wurde er feierlich in sein Amt als fünfter Pfarrer von Herz-Jesu eingeführt.

Pfarrer Georg Adamski wurde am 6. April 1927 im schlesischen Breslau geboren. Er war Ministrant in St. Bonifatius und besuchte das St. Matthias-Gymnasium. Nach der Einberufung folgten Arbeitsdienst und Militär, das ihn bis ins dänische Esbjerg zur Flugschule brachte. Von dort gegen Kriegsende nach Berlin gekommen, wurde er noch in den letzten Kriegstagen an der Oberbaumbrücke verwundet. Nach einem fast einjährigen Lazarettaufenthalt zur Genesung und all diesen, zum großen Teil doch sehr schlimmen und für diesen eigentlich noch „Jugendlichen" prägenden Erlebnissen des Krieges begann noch einmal die Schulzeit. Georg Adamski machte bei den Jesuiten-Patres des Canisius-Kollegs im Jahre 1947 sein Abitur und verließ Berlin, um sich in Fulda dem Studium der Theologie zu widmen. Weitere Studienaufenthalte brachten ihn dann in die Schweiz, von wo aus er in den Ferien ins schwäbische Arnach kam, ins Pfarrhaus zum Pfarrer Ludwig Segmiller. In diesem fand er einen „väterlichen Freund", der ihm sein Leben lang sehr verbunden war und ihn nach seiner Emeritierung als Pfarrer von Herz-Jesu ins schwäbische Ochsenhausen zog, wo er nun seinen Ruhestand verbringt.

Nach dem Theologiestudium wurde er 1953 vom Hochwürdigsten Bischof von Berlin, Wilhelm Weskamm in St. Christopherus in Berlin-Neukölln zum Priester

^ *Abb. 9: Amteinführung von Pfarrer Georg Adamski, vor der Kirche*

geweiht. Er sagte stets, er besäße keine besonderen Fähigkeiten oder Auszeichnungen, nur eine große Liebe zu unserem Herrn Jesus Christus, der heiligen

Kirche und zu seiner Gemeinde Herz-Jesu. Und auch heute weist er immer noch darauf hin, daß Christus den Apostel Petrus an den Jordanquellen nur gefragt hat: Liebst Du mich? Dann baute er auf Petrus seine Kirche.

Und Georg Adamski grüßte alle Gemeindeglieder als neuer Pfarrer von Herz-Jesu recht zuversichtlich in herzlicher Liebe. Dabei zitiert er den Apostel Paulus: „Hätte ich aber die Liebe nicht, so wäre ich nur tönendes Erz und klingende Schelle"

In der Tat brauchte Pfarrer Adamski viel Liebe zur Kirche und zu seiner Gemeinde, hieß es doch, die ihm anvertrauten Schafe durch stürmische Zeiten zu bringen. Das

< *Abb. 10: Pfarrer Adamski schließt das*
  Kirchenportal auf.

48

zweite Vatikanische Konzil war 1965 zu Ende gegangen. Und die Konzilsväter hatten viele Änderungen auch in der Liturgie beschlossen. So heißt es in der Konstitution über die heilige Liturgie „Wortgottesdienst und Eucharistiefeier bilden einen einzigen Kult. Der Tisch des Herrn, der uns in der Eucharistie gedeckt wird, ist zugleich der Tisch des Wortes Gottes".[1] Damit wird die alte Einteilung der tridentinischen Messe geändert. Es gibt keine Vormesse und Hauptmesse mehr, beide Teile der Heiligen Messe stehen sich gleichberechtigt gegenüber. Das Wort Gottes in Lesungen und Evangelium wird nun vom Ambo aus verkündet. Das Konzil wollte, daß den Gläubigen der Tisch des Gotteswortes reicher bereitet werde. Darum sollte die Schatzkammer der Bibel weiter aufgetan werden.[2]

^ *Abb. 11: Heilige Messe zur Amtseinführung von Pfarrer Adamski*

Auch zur Homilie steigt der Priester nicht mehr oder nur noch selten auf die Kanzel. Die vielleicht größte Änderung, neben der Feier der Heiligen Messe in der jeweiligen Landessprache, war die Errichtung des Populusaltars oder Volksaltars. Das Messopfer wurde nun nicht mehr auf dem Hochaltar gefeiert, sondern auf dem neuen Altar. Der Priester steht dabei der Gemeinde zugewandt. Am Gründonnerstag 1966 feierte Pfarrer Adamski zum ersten Mal die Heilige Messe auf diese neue Art. Doch noch war der tridentinische Ritus nicht verschwunden, die neue Form stellte noch die Ausnahme dar. Und der „besondere Altar" wurde dann jeweils zwischen der Kommunionbank und den Altarstufen aufgestellt. Die Gemeinde nahm die neue Form der Heiligen Messe im Großen und Ganzen gut auf, war sie doch nun durch die deutsche Sprache subjektiv stärker beteiligt. Allerdings gab es auch nicht wenige Gemeindemitglieder, die der Neuerung skeptisch bis ablehnend gegenüber standen. Sinn der Liturgieänderung durch die Konzilsväter war es, das gläubige Volk stärker in die Feier der Liturgie mit einzubeziehen. Doch einige Jahre existierten beide Formen der Heiligen Messe nebeneinander, auch in unserer Gemeinde.

Am 21. Mai 1967 wurde in der Gemeinde zum ersten Mal ein eigener Krankengottesdienst gefeiert. Dazu wurden über 600 Einladungen an kranke und

1 Konstitution über die heilige Liturgie (Sacrosanctum Concilium) vom 4. Dezember 1963, Artikel 56
2 Sacrosanctum Concilium (SC) vom 4. Dezember 1963, Artikel 51

gebrechliche Gemeindemitglieder verschickt. Ein Fahrdienst von motorisierten Gemeindemitgliedern und dem Malter Hilfsdienst wurde eingerichtet und es lag für jeden ein kleines Päckchen als Geschenk bereit. Am Ende des Gottesdienstes wurde jedem Kranken der Segen gespendet, ähnlich wie in Lourdes, mit dem Allerheiligsten in der Monstranz. Zahlreiche Briefe drückten die Freude der Teilnehmer über diesen Gottesdienst aus. So zeigte sich auch die Sorge innerhalb der Gemeinde füreinander.

Wie in der Liturgie sollte das gläubige Volk auch im Gemeindeleben stärker beteiligt werden. Im Bistum Berlin wurden, wohl auch zur Intensivierung des Gemeindelebens, Pfarrausschüsse eingeführt, die Pfarrgemeinderäte. In unserer Gemeinde hatte er am Anfang 15 Mitglieder und kam im ganzen Jahr nur zu zwei Sitzungen zusammen. Die Gemeindeglieder und auch die Priester mußten sich erst einmal in die Neuerungen hineinfinden.

Das Jahr 1968 brachte eine weitere Neuerung. Am 1. Januar 1968 nahm die neue Kirchenmusikerin der Herz-Jesu Gemeinde, Frau Maria Giese, ihren Dienst auf. Sie trat die Nachfolge von Prof. Dr. Bernhard Kytzler an. Frau Giese hatte nach Ihrem Abschluß als Kirchenmusikerin noch weitere Semester bei Prof. Joseph Ahrens studiert. In dieser Zeit lernte sie das umfangreiche Werk dieses vielseitigen Kirchenmusikers und Komponisten kennen und schätzen. Aus der Nähe zu Prof. Ahrens ergaben sich auch viele Konzerte mit seinen Orgelwerken, die Frau Giese in späteren Jahren gab, nicht nur in unserer Kirche. Als Höhepunkt folgte eine Schallplatteneinspielung der Ahrens'schen Orgelwerke in unserer Herz-Jesu Kirche.

Professor Joseph Ahrens war im Übrigen auch Gemeindemitglied und wohnte in der Hüninger Straße.

Die Veränderungen in Liturgie und Gemeindeleben, aber auch in der Gesellschaft machten sich immer stärker bemerkbar. So wurden immer wieder Kirchenlehre und Kirchenordnung in Zweifel gezogen. Es gab Proteste gegen Priester und Bischöfe wie sie bisher nicht gekannt waren. Sogar Priester schlossen sich zusammen, um gegen aus ihrer Sicht überkommene Zustände zu protestieren. Einige legten in aller Öffentlichkeit ihr Priesteramt nieder. Auch die Enzyklika „Humanae vitae" von Papst Paul VI. gab Anlaß zu Protesten. Diese Unruhe war zum Teil auch im Bistum Berlin zu spüren. Hinzu kam der nicht sehr glückliche Wechsel in der Redaktion des Petrusblattes, der Kirchenzeitung für das Bistum Berlin. Als Reaktion erschien am 15. November 1968 erstmalig eine neue unabhängige Kirchenzeitung mit dem Titel „Der Christ". In unserer Gemeinde ging es nicht ganz so stürmisch zu. Die Zahl der Gottesdienstbesucher sonntags war konstant geblieben, allerdings war ein Rückgang bei den Andachten zu beobachten: Kreuzwegandachten, Maiandachten und Rosenkranzandachten. Sogar bei der traditionellen Fronleichnamsprozession durch das Fischtal war erstmals ein leichter Rückgang der Teilnahme zu verzeichnen. Pfarrer und Kaplan beklagten ebenso den Rückgang der Beichtenden.

Auch das Gemeindeleben schien von der allgemeinen gesellschaftlichen Situation ergriffen worden zu sein. Es existierten praktisch keine Gruppen und auch die KAB mit langer Tradition in unserer Gemeinde, einst hervorgegangen aus dem Katholischen Arbeiterverein fristete ein müdes und trauriges Dasein.

In der Kirche gab es jetzt größere Veränderungen. Im Altarraum blieb der Populusaltar nun ständig stehen. Die gemauerte Kommunionbank wurde abgerissen, sowohl vor dem Hauptaltar als auch vor den Seitenaltären. Der Altarraum wurde nach dem Abriß der Kommunionbank vor dem Hochaltar durch Einfügen einer Stufe etwas erweitert. Dadurch war um den neuen Populusaltar herum mehr Raum. Aus den Gittern der Kommunionbank wurde der Ambo gestaltet, der nun seinen Platz neben der linken Säule fand. Die Altaraufsätze des Marienaltars und des Josefsaltars wurden entfernt und eingelagert. Auf dem Marienaltar wurde nun eine geschnitzte unbemalte Maria mit Kind der Bildhauerein Hanna Perathoner aufgestellt. Auf dem leeren Josefsaltar fand ihren Platz eine geschnitzte und bemalte Figur von Christus, der sein Heiligstes Herz zeigt. Diese Umgestaltung blieb nicht ohne Kritik.

Die Heilige Messe wurden nun in der Regel in deutscher Sprache gefeiert, ein Mal monatlich noch ein lateinisches Choralamt. Das neue Missale Romanum, das Messbuch mit den neuen Präfationen und Hochgebeten lag vor und wurde in der Messe benutzt. Die Liturgiereform war auch in Herz-Jesu umgesetzt.

Die Gemeinde legte nun in den Heiligen Messen an Werktagen die Hostie selbst in eine hinten in der Kirche aufgestellte Opferschale.

Ob die Kirche durch die Umgestaltung gewonnen hat ist Ansichtssache und mag dahingestellt bleiben. Sicher entsprach die Veränderung dem damaligen Trend und war auch der Liturgiereform geschuldet. Die gemauerte Kommunionbank mit den durch Türen verschlossenen Durchgängen stellte auch eine Art Schranke zwischen dem Altarraum und der Gemeinde dar. Durch die Feier des Messopfers nicht mehr versus crucem sondern versus populum, also zur Gemeinde hingewandt, sollte die Mahlgemeinschaft mit Christus in der Eucharistie verdeutlicht werden. Eine trennende Kommunionbank störte dabei. Hinzu kam auch eine gewandelte Einstellung der Gläubigen dem Empfang der hl. Kommunion gegenüber. Man kniete nicht mehr nieder, um den Leib des Herrn zu empfangen. Folgerichtig wurde eine Kommunionbank zum knienden Empfang der Hl. Kommunion nicht mehr notwendig. Ab September 1969 wurde dann in unserer Gemeinde der Hl. Leib nicht mehr nur als Mundkommunion sondern auch als Handkommunion empfangen.

Ob diese ganze Entwicklung nicht das Gegenteil dessen bewirkte, was sie bezweckte, möchte ich an dieser Stelle einmal vorsichtig nachfragen. Die Hostie, die wir in der Hl. Kommunion empfangen, ist durch die Hl. Wandlung wahrhaftig zum Leib unseres Herrn Jesus Christus geworden. Kernstück unseres katholischen Glaubens ist die Gegenwart Gottes in diesem Stück Brot, das wir Hostie nennen. Und wenn Jesus Christus wahrhaftig gegenwärtig ist, dann müssen wir diesem Stück Brot unsere höchste Verehrung entgegenbringen. Es kann nichts

Größeres geben als die Gegenwart Gottes, den wir in der Hl. Kommunion empfangen.

Doch zurück ins Jahr 1968. Unsere Gemeinde feierte den 60. Weihetag der Herz-Jesu Kirche. Pfarrer Adamski mühte sich trotz aller Wandlungen in der Gesellschaft und im kirchlichen Leben auf viele Arten durch seine Seelsorge die Gemeindemitglieder zum Glauben zu führen und den Glauben zu vertiefen. So führte anlässlich des Kirchweihjubiläums eine Wallfahrt der Gemeinde im Juni nach Paray le Monial. Im Jahr des 60-jährigen Bestehens der Herz-Jesu Kirche wollte die Gemeinde den Ort in Frankreich besuchen, an dem die heilige Maria Margarethe Alacoque lebte und die wunderbaren Erscheinungen des Heiligsten Herzens Jesu hatte. Auf Wallfahrt gingen 30 Gemeindemitglieder, die ganze Gemeinde begleitete sie durch Gebet und Andacht hier in Zehlendorf. Man hatte Geld für eine große Opferkerze gesammelt, die nun im Gnadenort stellvertretend für die ganz Gemeinde aufgestellt wurde. So sollte die Verbundenheit der Herz-Jesu Gemeinde in Berlin-Zehlendorf mit dem Gnadenort der Herz-Jesu Verehrung dargestellt werden. Parallel zur Heiligen Messe der Wallfahrer in Paray le Monial feierte man auch in der Herz-Jesu Kirche die Hl. Messe, so wurde die Verbundenheit noch deutlicher. Die Wallfahrer kamen auch nach Cluny und Taizé, nach Ars, der Wirkungsstätte des Hl. Johannes Maria Vianney und nach Maria Einsiedeln. Die positive Reaktion auf diese Wallfahrt war der Grund für viele weitere Wallfahrten der Gemeinde.

Das Jahr 1969 brachte weitere gesellschaftliche Veränderungen. Den USA war die Landung auf dem Mond geglückt, die neue Ostpolitik begann nach der Wahl Willy Brandts zum Bundeskanzler, aber auch die Studentenbewegung mit ihren schweren Unruhen. Die Gesellschaft begann sich immer mehr aufzuspalten, besonders in der Jugend gährte es gewaltig. Auch in unserer Gemeinde war das zu spüren. Sie war eine fast überalterte Gemeinde. Die Statistik zählte 800 Gemeindemitglieder über 65 Jahren. Das war fast ein viertel der Gemeinde mit 4000 Mitgliedern. Es gab nur 25 Taufen aber 55 Beerdigungen. Auch stieg die Zahl der Kirchenaustritte auf 39 an. Jugendarbeit fand nur bedingt statt. Richtige Jugendgruppen gab es keine. Jugendgottesdienste, in anderen Gemeinden durchaus üblich, fanden nicht statt. Es wurde auch in den folgenden Jahren hier und da bemängelt, das die Jugend zwar im Jugendheim der Gemeinde zusammenkommt, aber nur zur Freizeitgestaltung. Glaubensverkündung fand außerhalb des Sakramentenunterrichts nicht statt. Auch der Religionsunterricht an den Oberschulen lag fast brach. Immer wieder machten sich die Mitglieder des Pfarrgemeinderates Gedanken über die Weitergabe des Glaubens.

Bei der Kinderarbeit sah es etwas besser aus. Es fanden durchaus Kindergottesdienste statt, in Fasten- und Adventzeit sogar wöchentlich. Sie waren auch gut besucht. Aber es fehlte an engagierten Gemeindemitgliedern, die auch die neuen „rhythmischen Gesänge" in den Gottesdienst einbrachten.

Allerdings gab es im Jahr 1972 eine gelungene Jugendfahrt nach Freusburg an der Sieg.

Doch die unruhigen Zeiten, in der Gesellschaft wie auch in der Kirche, zeigten sich, wie zu erwarten war, natürlich auch in unserer Gemeinde. Im Jahr 1970 entzündete sich an einem Leserbrief in der Katholischen Kirchenzeitung „Petrusblatt", den der bei uns tätige Kaplan Dieter Wortmann verfasst hatte, eine äußerst heftige Diskussion. Kaplan Wortmann protestierte mit scharfen Worten gegen die vom Berliner Bischof Alfred Kardinal Bengsch vorgetragene Ablehnung der liberalen Einstellung der niederländischen Bischöfe, insbesondere zum Zölibat.

Am 31. März 1973 wurde die neue Orgel der Herz-Jesu Kirche geweiht. Die alte Orgel aus dem Jahr 1911 hatte schon einige Schäden davon getragen und musste über kurz oder lang ersetzt werden. Die neue Orgel von der Orgelbaufirma Kleuker aus Brackwede war teuer und die Gemeinde hat lange dafür gesammelt. Über Jahre standen hinten in der Kirche verschiedene Orgelpfeifen als Anzeige für die Summe der eingegangenen Spenden. So konnte jedes Gemeindemitglied beim Besuch des Gottesdienstes sehen wie viel Geld noch an der neuen Orgel fehlte. Und die Gemeinde spendete kräftig. Zwar gab es auch hier, wie bei allen größeren Vorhaben kritische Stimmen die meinten, das viele Geld sollte besser der Not in der Welt zu gute kommen. Aber die Gemeinde vergaß über die Sammlung für die Orgel auch die Not der anderen nicht und spendete auch hierfür beachtliche Beträge. Nun war sie also fertig, die neue Orgel mit 1760 Pfeifen in 25 klingenden Registern, verteilt auf drei Manuale und Pedal. Die Festansprache hielt der hochwürdigste Dompropst Msgr. Prof. Dr. Wolfgang Händley. Der Kirchenchor, verstärkt durch den Chor der Gemeinde St. Bernhard sang unter Leitung der Kirchenmusikerin Frau Maria Giese das Jubilate Deo von di Lasso, das Ave Verum von Mozart und von Bach den Choral „Ich will den Namen Gottes loben". An der neuen Orgel saß der frühere Kirchenmusiker von Herz-Jesu Prof. Dr. Bernhard Kytzler. Und die neue Orgel erklang und erklingt seither ad maiorem gloriam Dei (zur höheren Ehre Gottes).

1973 wurde Bernhard Biskup Kaplan in unserer Gemeinde. Er engagierte sich sehr für die Jugend, so dass die Jugendarbeit neu aufblühte. Endlich gab es regelmäßige Jugendmessen, die von einer neu gegründeten Schola begleitet wurden. So konnten auch in Herz-Jesu die von vielen gewünschten „rhythmischen Gesänge" im Gottesdienst Einzug halten. Eine Arbeitsgemeinschaft Religion wurde speziell für Jungendliche gegründet, Kurzreisen wurden durchgeführt. Ingesamt gelang es, nicht zu letzt durch die aktive Mitwirkung bei Festen, viele jüngere Menschen anzusprechen. Auch Jugendgruppen kehrten wieder. Das ganze dauerte allerdings nur drei Jahre. Im Jahr 1976 wurde Kaplan Biskup ins bischöfliche Ordinariat berufen. Leider kam der Nachfolger, Kaplan Matthias Klose, erst 1977. Dadurch entstand ein Bruch der trotz aller Bemühungen des neuen Kaplans nicht ohne Auswirkungen auf die Jungendarbeit blieb.

Im Gemeindeleben fanden jetzt auch die Wallfahrten einen festen Platz. Im Jahre 1971 fuhr eine Gruppe der Gemeinde nach Lourdes, im Jahre 1975, aus

Anlaß des Heiligen Jahres, ging es nach Rom , eine Reise nach Mariazell fand im Jahr 1977 statt und Paray le Monial war, wie schon 1968, auch im Jahr 1979 das Ziel. Die Wallfahrten dienten der Vertiefung des religiösen Lebens unserer Gemeinde und zahlreiche Gemeindemitglieder nahmen begeistert daran teil. Pfarrer Adamski arbeitete das Programm gewissenhaft aus. Und auch wenn täglich eine Hl. Messe gefeiert wurde, nach Möglichkeit die Tageszeiten gebetet wurden und auch das Rosenkranzgebet seinen festen Platz hatte, so war eine Wallfahrt eine gute Mischung aus Spiritualität, Besinnung, Einkehr, Gebet aber auch Erlebnis und Besichtigung von Sehenswürdigkeiten.

Zum 1. Fastensonntag des Jahres 1976 wurde die neue Messordnung verpflichtend eingeführt. Die neue Form wurde ja in unserer Gemeinde bereits seit 1969 bis auf Ausnahmen angewandt. Nun gab es jedoch nur noch die neue Messordnung. Die Auseinandersetzungen darum konnte man auch in unserer Gemeinde spüren.

Allerdings war der Protest verhalten und äußerte sich durch allgemeine Kritik im Hintergrund. Diese wurde allerdings zu bestimmten Anlässen etwas deutlicher, so zum Beispiel am Gründonnerstag 1979, als Pfarrer Adamski der Gemeinde erstmals die sogenannte Kelchkommunion anbot. Die Gemeinde ging nun zum Kommunionempfang nach vorne zu den Stufen des Altarraumes und nahm nicht nur den Leib des Herren, sondern wer wollte nahm auch vom Blut des Herren. Zu diesem Zweck wurden extra zwei große Silberbecher angeschafft, denn die Kelche fassten nicht die Menge, die für die Gemeinde benötigt wurde. Allerdings gab es etliche Gemeindemitglieder, die von diesem Angebot keinen Gebrauch machten.

Das Bemühen von Pfarrer Adamski um die Ökumene fand dagegen allgemeine Aufmerksamkeit und Zustimmung, wenn auch längst nicht alle Gemeindemitglieder die Ökumene als wichtigen Bestandteil des christlichen, insbesondere des katholischen Glaubens ansahen. Das zeigte sich auch daran, dass Kirche oder Pfarrsaal bei ökumenischen Veranstaltungen wie Gottesdiensten und religiösen Themenabenden nicht gerade wegen Überfüllung geschlossen werden musste. Diese Ökumenische Zusammenarbeit mit den evangelischen Nachbargemeinden, insbesondere mit der Evangelischen Gemeinde Ernst-Moritz-Arndt in der Onkel-Tom-Straße und mit der Selbständigen Evangelisch-Lutherischen Gemeinde St. Marien, die ja wirklich unsere Nachbargemeinde in der Riemeisterstraße ist, brachte aber eine neue Sichtweise in die Gemeinde, die das Gemeindeleben auch bereicherte. Hoffnung und Skepsis bezüglich der Annäherung zwischen katholischer Kirche und evangelischen Gemeinden und Gemeinschaften waren prägend für die Stimmung der damaligen Zeit, nicht nur innerhalb der katholischen Kirche. Und sie vermischten sich auf merkwürdige Weise. Dies spiegelt ein Artikel von Klaus M. Schmidt aus dem Berliner Sonntagsblatt vom 12. November 1978 deutlich wider. Unter dem Titel „Getrennt beisammen" berichtet er von einem ökumenischen Gottesdienst zum Reformationstag in unserer Kirche:

Die Gemeinsamkeit wurde betont, die Unterschiede spielten keine Rolle.
Ökumenischer Gottesdienst am Abend des Reformationstages in der Zeh-

lendorfer katholischen Herz-Jesu-Kirche. Dort, wo noch vor drei Jahren ein katholischer Geistlicher einem potentiellen evangelischen Paten eines katholischen Täuflings erklärt hatte, wenn's letztlich der Liebe dient, könnten Ehen glaubensverschiedener Partner zugelassen werden und zur Taufe könne das Kind sicher viele und darunter auch einen evangelischen Patenonkel haben, doch die Hauptpaten müssten schon katholisch sein.

Dort also zelebrierten der katholische Pfarrer Adamski von Herz-Jesu und der evangelische Geistliche Hecker von der benachbarten Ernst-Moritz-Arndt-Gemeinde einen gemeinsamen Gottesdienst. Nüchterne »evangelische Atmosphäre« mit ein paar Liedern, Schriftlesungen und Predigt in einem katholischen Kirchenraum. Die Kirche war gut zur Hälfte gefüllt. Beim katholischen Hochamt sonntags ist sie zuweilen übervoll.

Und so war es, glaube ich, trotz der jahrelangen guten ökumenischen Beziehungen zwischen zwei Zehlendorfer Kirchengemeinden eine unzulänglich genutzte Chance.

Eine nicht ausreichend genutzte Chance war es deshalb, weil gemeinsames Singen und Beten allein konfessionsverschiedene Gottesdienstbesucher noch nicht verbindet. Es fehlte der Zuspruch, doch mal einfach mit dem Nachbarn das Gespräch auch nach dem Gottesdienst zu wagen.

Gesungen wurde nach Texten des katholischen Gesang- und Andachtsbuches „Gotteslob", zwei Lieder davon stehen auch im evangelischen Gesangbuch. Zur Grundlage von Lesung und Predigt des Pfarrers Hecker diente die Bibel, gemeinsam bekannten die Gottesdienstbesucher nach katholischem Ritual, „dass menschliche Schuld deine Kirche gespalten hat".

Das gemeinsame Gebet hebe die Trennung auf, hatte gleich zu Anfang der katholische Pfarrer Adamski betont. Trotz seiner heftigen Kritik an Zuständen in der katholischen Kirche seiner Zeit habe auch Luther keine Trennung und Spaltung gewollt. Es gelte heute zu hören auf den Ruf des Herrn zur Einheit, „wenn wir uns unter das Wort des Herrn stellen". Solche gemeinsamen Gottesdienste sollten öfter im Jahr stattfinden.

Für den evangelischen Pfarrer Hecker muss es „immer darum gehen, was das Wort Gottes, was Jesus Christus will". So sei auch nicht danach zu fragen, was zum Beispiel Luther oder Ignatius von Loyola heute sagen würden. Die Aufgabe heute und in der Zukunft bestehe darin, zu lernen, aufmerksam zu hören, was Jesus Christus von uns als Christen will. Es gehe so nicht um die „Sanierung des Luthertums", sondern um die Besinnung, „dass die innere Erneuerung noch aussteht". Wir selbst müssten versuchen, bessere Christen zu sein.

Das Gemeinsame zwischen evangelischen und katholischen Gemeinden sei dann heute auch größer als das Trennende. Hecker nannte die Beziehungen des Vatikans zum Weltkirchenrat in Genf, die Kontakte zwischen evangelischer Kirche und der katholischen Deutschen Bischofskonferenz und ökumenische Beziehungen auf Gemeindeebene. Über Gott und Gottes Liebe, die

„unausdenklich" seien, könne man mit Begriffen nicht streiten. „Wir brauchen die Fähigkeit zur Liebe, damit wir Menschen und Christen sein können."

Ein evangelischer Christ am Reformationstag in einer katholischen Kirche, am Ende des ökumenischen Gottesdienstes doppelt gesegnet, kann natürlich – wie ich meine – dennoch am Reformationstag den katholischen Beichtstuhl und Altar vor Augen, des Trennende nicht einfach beiseite schieben. Vielleicht aber, wie es Altbischof D. Kurt Scharf zum Reformationstag getan hat, auf die „Versöhnbarkeit der Verschiedenheiten" hoffen.

Sein besonderes Augenmerk wandte Pfarrer Adamski immer der Liturgie in Gottesdienst und Andacht zu. Er wollte eine würdige Gestaltung der Liturgie, da sie auch die Freude bei der Mitfeier beeinflusst. Seine Hauptsorge galt bei allen anderen Aktivitäten dem Sonntagsgottesdienst. Er sah die Gefahr, dass ein Gemeindemitglied, dass nicht regelmäßig den Gottesdienst feiert, nicht nur den Kontakt zur Gemeinde verliert, sondern auch im religiösen Leben erlahmt. Er legte und legt auch heute noch Wert auf eine gut gestaltete Messfeier. Mit dem Pfarrgemeinderat wurde damals ein Liturgieausschuß eingerichtet, der Pfarrer und Kaplan bei der liturgischen Gestaltung der Gottesdienste unterstützte, so zum Bespiel bei der Gestaltung der sonntäglichen Kindermessen.

1980 war das Bistum Berlin wieder Gastgeber für den Deutschen Katholikentag, es war der 86. Die zentralen Feiern, der Himmelfahrtsgottesdienst und die Abschlussmesse am Sonntag darauf, fanden im Olympiastadion statt. Doch die anderen Veranstaltungen verteilten sich auf den ganzen damaligen Westteil der Stadt. So war auch in unserer Gemeinde der Katholikentag das bestimmende Ereignis. Für die beiden Großveranstaltungen hatte Petrus selbst strahlenden Sonnenschein festgesetzt. Und so fanden sich im Olympiastadion etwa jeweils 100.000 Teilnehmer ein, davon waren etwa 65-70 Prozent Jugendliche. Unsere Kirche war der Ort des „Kinder-Katholikentages". Der Weihbischof von Bamberg, der auch Jungendbischof der Deutschen Bischofskonferenz war, feierte in einer vollkommen überfüllten Herz-Jesu Kirche einen begeisternden Kinder- und Jugendgottesdienst. Die ca. 600 Teilnehmer erfreuten sich auch an der Jugendband, die nach der Hl. Messe noch einige Zugaben spielte. Zum Abend der Begegnung auf der Domäne Dahlem trafen sich das ganze Dekanat Zehlendorf und die in den Gemeinden untergebrachten Gäste. Bei zahlreichen Mitgliedern unserer Pfarrei fanden die Angehörigen einer Gruppe aus dem Allgäu Kost und Logis. Pfarrer Kammerer Schmid aus Ratzenried im Allgäu erinnert sich in einem Artikel in der „Schwäbischen Zeitung" vom 16. Juni 1980 an die gute Betreuung, die den Allgäuern widerfuhr, aber auch an einige Besonderheiten des Katholikentages. Er schreibt dort unter anderem:

Der Mittag ist der Stadtrundfahrt im eigenen Bus gewidmet. Der Pfarrer von Herz-Jesu in Zehlendorf selbst ist Fremdenführer. Drei Stunden gehen wie im Flug vorüber. Spannend wird es, als wir in die Bernauer Straße ein-

fahren. Vopos sind eben am Werk, um die Mauer zu „reparieren", zu verbessern. Ein Loch gibt den Blick frei hinüber ins andere Berlin. Wir aber sehen und hören junge Teilnehmer(innen) des Katholikentages – sie haben alle ihre Abzeichen – sie singen und jubeln es hinüber: Christi Liebe ist stärker, Halleluja. Die jungen Vopos tun mir fast leid, ich glaube es ihnen anzusehen, wie unwohl ihnen ist. Da braust die Westberliner Polizei an – ziemlich scharf. Sie will wohl Komplikationen verhindern. Recht still wird es in der Gruppe, als wir das Schaugerüst besteigen, auf dem man hinüberschaut jenseits der Mauer. Und nochmals werden wir sehr nachdenklich in Plötzensee, da wir die Todesurteile lesen, die jedesmal ein Leben auslöschten ...

Ein gemütlicher Abend, diesmal im Garten des Pfarrhauses, tut gut nach dem anstrengenden Tag. Und die Allgäuer haben Emmentaler mitgebracht. „Einen solchen guten haben wir noch nie gegessen," bestätigen die Berliner. Man spricht inzwischen auch vom „Katholikentag von unten", den gewisse Kreise veranstalten – die Berliner sagen dazu: „von hinten", – und treffen damit den Nagel auf den Kopf. Denn ziemlich unfair geht es da zu. Die Presse tut so, als spiele Küng eine Hauptrolle. In Wirklichkeit nehmen wenige Notiz davon. Auch die Antizölibatsgruppe mit einer Dame als Sprecherin zieht nur wenige an. Auch Homosexuelle werben um „Gleichberechtigung". In einer Halle sollen Plakate angeschlagen worden sein: „raus mit Strauß". Das Gros der Teilnehmer ist engagiert in den Foren, auf der Sommerwiese tanzt und singt die Jugend. Manche binden sich Tücher um die Stirn, worauf sie Namen schreiben – eine Art, Gemeinschaft zu pflegen.

Insgesamt war nun die Situation in der Gemeinde, auch im Hinblick auf die Jugendarbeit recht gut. Das belegt auch die Statistik aus dem Jahr 1981. Es gab eine gute Jugend, die sich sehr engagierte und auch katholische Jugend sein wollte. Es gab sehr gut besuchte Jugendgottesdienste. Nicht nur der Charitas-Helferkreis, der gewiß mehr Mitglieder nötig hatte, sorgte sich aus christlichem Geist um die Gemeidemitglieder, die der Hilfe bedurften. Auch andere Christen außerhalb des Charitaskreises halfen in diesen Anliegen. Es gab 40 Ministranten, über 100 Gemeindemitglieder trugen den Pfarrbrief aus. Er erreichte auf diese Weise wirklich alle Glieder der Gemeinde Herz-Jesu. Es gab viele gute Frauen und Männer die Lektorendienste übernommen hatten, Das Interesse der Gemeinde für die Mission zeigte sich in einem hohen Spendenaufkommen und einer großen Mitgliederzahl (230) beim Hilfswerk Missio. Auch der Seniorenkreis war sehr rege und die KAB war zu ihrem 75 jährigen Bestehen auf eine beachtliche Gemeinschaft angewachsen. Allerdings waren außerhalb der Gruppen gesellige Veranstaltungen weniger nachgefragt. Es gab 1981 kein Gemeindefest und auch der Fasching war schlecht besucht.

Aber die 1970er Jahre brachten auch viele gesellschaftliche Umbrüche mit sich. Es mangelte im gesellschaftlichen Leben nicht an Schattenseiten. Vielfach wollten Menschen Verbesserungen anstreben, wandten dabei aber allzu oft höchst fragwürdige Mittel an. Auch vor kriminellen Handlungen, die wie bei den Terrortaten der 1970er Jahre bis zu grausamen Morden reichten, schreckten einige nicht zurück.

Unsere Gemeinde war davon nicht betroffen, aber auch unsere Gemeinde wurde von Diebstählen und anderem Unfug nicht verschont. Man hatte bereits schon im Jahr 1970 die Kirche tagsüber teilweise schließen müssen, um nicht allzu Fromme Zeitgenossen davon abzuhalten, sich zu bedienen und so das Ärgste zu verhindern. Das alles half aber nichts, denn 1977 wurde die Statue des Hl. Antonius gestohlen. Manch ein Gemeindemitglied war fassungslos und man hörte den Ausspruch: „gerade den Hl. Antonius, der sonst alles wiederfindet" in dieser Zeit sehr oft. Die Anschaffung einer neuen Figur kostete die Gemeinde 4.000 DM. Diese wurde dann wieder in die Nische zwischen den beiden hinteren Eingängen aufgestellt, diesmal aber mit Dübeln in der Wand gesichert. Die Nische des Hl. Antonius, vor der tagaus, tagein so viele Gläubige eine Kerze entzünden, war ursprünglich eine Nische für einen Heizkörper und wurde durch Einfügen restlicher Formziegel, die auf dem Dachboden der Kirche lagerten, für die Antoniusstatue umgebaut.

Doch es kam noch schlimmer. Am 2. Dezember 1981 wurde unsere schöne Herz-Jesu Kirche von Hausbesetzern in Besitz genommen. Der Anlass war die Räumung des ehemaligen Klosters der Ursulinen auf dem Gelände der St. Ursula Schule in der Kleinaustraße. Nach dem Weggang der Ursulinen nach Niederaltaich bei Regensburg hatte das Petruswerk das ehemalige Klostergelände übernommen und wollte darauf Wohnungen bauen. Das alte Klostergebäude stand leer und wurde von den zu dieser Zeit in Berlin häufiger anzutreffenden Hausbesetzern besetzt. Nach der Räumung in der Kleinaustraße zogen die Besetzer zur Herz-Jesu Kirche, weil es ja auch ein „Haus des Bistums" war und besetzten diese aus Protest. Pfarrer Adamski schaffte es gerade noch, das Allerheiligste aus dem Tabernakel zu holen. Kurze Zeit später hatten sich etwa 150 Demonstranten in der Kirche „häuslich" eingerichtet. Das Gotteshaus wurde entsprechend zugerichtet. Weil das Licht ausgeschaltet war brannten aufgestellte Fackeln, über dem Hochaltar war ein Spruchband befestigt, die weiß getünchten Wände wurden mit Sprüchen und Zeichen beschmiert und die Glocken wurden geläutet, man hatte die Türen zu Orgel und Glockenturm aufgebrochen. Wer in diesen Tagen die Kirche sah oder betrat, der konnte vielfach nicht verstehen, wie Menschen zu so etwas fähig sein können. Ein Gotteshaus zu schänden, etwas in den Schmutz zu treten, was uns heilig ist.

Die Kirche wurde nach einigen Tagen geräumt und wieder für den Gottesdienst hergerichtet. Es entstand ein Schaden von etwa 10.000 DM und viele Helfer fanden sich bereit, die Spuren der Besetzung zu beseitigen. Die Räumung sorgte bei einigen Gemeindemitgliedern, insbesondere bei der Jungend für einiges Unverständis, hatten sich doch einige Jugendliche unserer Gemeinde darum bemüht, mit den Besetzern zu verhandeln und sie so zum Verlassen der Kirche zu bewegen.

Die Kirche wurde dann vor der ersten Hl. Messe nach der Besetzung an den zwölf Weihestellen unter den Apostelleuchtern neu benediziert.

Im Jahr 1981 wurde unsere Pfarrbücherei, die einst von Dr. Strehler, dem ersten Geistlichen in unserer Gemeinde gegründet worden war, aufgelöst. Es gab kaum mehr eine Nachfrage und der Raum konnte einem anderen Zweck zugeführt werden. Der Buchbestand wurde an das Don Bosco-Heim in Wannsee gegeben. In der ehemaligen Pfarrbücherei im Souterrain ist seit dieser Zeit nun der Konferenzraum zu finden.

Ein Höhepunkt für unsere Gemeinde war die Gemeinde-Mission, die vom 4. bis 19. September 1982 stattfand. Zwei Redemptoristen-Patres – Franz Mehwald und Klaus Becker – haben sie gehalten. Es war die dritte Gemeindemission in der Herz-Jesu Gemeinde und die erste nach 30 Jahren. Man erwartete ein Fest des Glaubens und so wurde die Gemeindemission lange und gründlich vorbereitet. Durch verschiedene Umfragen innerhalb der Gemeinde wurden Themen ausgesucht. Bis zu 300 Christen kamen zu den einzelnen Gottesdiensten und Veranstaltungen, auch an Werktagen! Gemeindemitglieder, die nicht regelmäßig an den Gottesdiensten teilnahmen, erschienen dagegen auch im Rahmen der Gemeindemission nicht. Für die Teilnehmer aber war es sicher eine gute Erfahrung und eine Bereicherung ihres Glaubens. Auch wenn manche Gottesdienste wegen der langen Predigten eine Überlänge von 90 Minuten hatten, gab es keine Beschwerden.

Trotz der Gemeindemission nahm die Zahl der Gottesdienstbesucher langsam aber stetig ab. Pfarrer Adamski und auch der Pfarrgemeinderat nahmen das besorgt zur Kenntnis. Das Problem warf auch Fragen für das Gemeindeleben und die Weitergabe des Glaubens auf. Was wird aus den Kindern, wenn die Eltern sonntags nicht mehr zur Kirche gehen? Von wem sollen sie lernen zu glauben, zu beten, Christus ihre Zeit zu schenken? Konnte man das Sendungsbewußtsein der Gemeinde stärken und wie fing man es an? Christus hat uns alle aufgefordert als er sagte: „Geht hin und macht alle Menschen zu meinen Jüngern". Auf diese Fragen fanden Pfarrer und Pfarrgemeinderat keine leichten Antworten. Doch es gab auch erfreulichere Dinge im Gemeindeleben. Es fanden sich noch immer genug Helfer, um die Pfarrbriefe allen Gemeindemitgliedern auszutragen. Es gab viele Christen, die sich in den verschiedenen Gruppen oder auch einzeln für die Gemeinde engagierten, im Charitas-Kreis, bei den Lektoren, im Pfarrgemeinderat, im Missionswerk, in Kirchenchor und Kindermessenausschuß, bei den 45 Ministranten und in vielen anderen Gruppen. Auch die Kinder- und Jugendarbeit wuchs und gedieh: Arbeitsgemeinschaft Religion, Hilfsaktionen für Polen und Bolivien, Filmabende, Besinnungstage, Interessengruppe Literatur, Jugend- und Kinderfahrten und Gottesdienste wie die „Frühkirche". Der Weihbischof spendete 52 Jungen und Mädchen das Sakrament der Firmung.

Im Jahr 1983 stand dann wieder ein Anlass zur Freude für unsere Gemeinde an: das 75. Weihejubiläum unserer Herz-Jesu Kirche. Es war das herausragende Ereignis in diesem Jahr. Gefeiert wurde eine ganze Woche lang, vom

^ *Abb. 12: Heilige Messe zum 75. Kirchweihjubiläum*

13. bis zum 20. November. – Hier ist einmal eine kurze Erklärung notwendig. Der eigentliche Weihetag der Kirche ist der 6. September 1908. Kardinal Kopp hat allerdings für die Feier der Kirchweihe den zweiten Sonntag im November festgelegt. So wurde bisher das Kirchweihfest immer am zweiten Sonntag im November begangen. Zum 100. Kirchweihfest wollen wir aber den eigentlichen Weihetag begehen. –

   Das 75. Jubiläum wurde also eine Woche lang gefeiert. Der Bischof von Berlin, Joachim Kardinal Meißner feierte den Festgottesdienst mit der Gemeinde und vielen Priestern, die unserer Gemeinde verbunden waren. Die weiteste Anreise hatte Don Luigi Fraccari aus Verona, der lange Zeit Seelsorger der Italiener in Berlin war. Alle Veranstaltungen waren gut besucht. Das Gemeindefest fand in jenem Jahr aus Anlaß des Jubiläums in der Alten Fischerhütte am Schlachtensee statt. Es begann am Nachmittag mit Kaffe und Kuchen und den verschiedensten Darbietungen. So trat auch der Kirchenchor auf und brachte nicht nur liturgische Gesänge dar. Abends gab es dann einen Festball. Eine Festschrift wurde zum Kirchweihfest nicht erstellt, sondern ein sehr schöner und informativer Kirchenführer, der noch lange nach dem Jubiläum dankbar gekauft wurde. Besonders zu erwähnen ist ein Kammerkonzert der Berliner Philharmoniker in unserer Herz-Jesu Kirche, das auf Initiative von Prof. Weinsheimer, Cellist bei den Philharmonikern und Gemeindemitglied, zustande kam.
   Eine sehr schöne Tradition begann im Jahr 1984 und hatte lange Bestand in unserer Gemeinde. Pfarrer Adamski lud die Gemeinde am Vorabend des Fronleichnamsfestes zu einem ungezwungenen Grillabend in den Pfarrgarten ein. Bei gutem Wetter und etwa 100 Gästen wurde es ein gelungenes Fest.
   Auch in der Ökumene bemühte man sich unablässig. Sicher wurde von einigen kritisiert, auf diesem Gebiet geschehe zu wenig. Aber nicht nur die Veran-

staltungen machen Ökumene aus. Gelebt wird sie im Alltag. Im sozialen Bereich beispielsweise arbeitete unsere Gemeinde mit den evangelischen Gemeinden sehr gut und fruchtbar zusammen. Es gab ein bis zwei Gebetsgottesdienste mit anschließenden Empfängen, auf denen es zu sehr guten Gesprächen kam. Auch das Ökumenische Seminar und die gute Teilnahme am Weltgebetstag der Frauen muß Erwähnung finden.

Ein Anlaß zur Sorge wurde jedoch wieder die Jungendarbeit. Zwar hatten die Jugendlichen unserer Gemeinde im Jahr 1983 am Gründonnerstag zur Ölbergstunde eine Gebetsstunde der Jugend vorbereitet, die sehr gut angenommen wurde. Jedoch war die Atmosphäre hinsichtlich der Jugendarbeit nicht gut. Von den Jugendlichen gab es immer wieder viel Kritik an der Kirche von den Geistlichen aber auch von vielen anderen Gemeindemitgliedern fehlte vielleicht auch etwas Aufmerksamkeit. So kam es dann dazu, daß einige Jugendliche sich aus der Gemeinde verabschiedeten und in anderen Gemeinden eine neue Heimat fanden.

Doch auch andere kritische Punkte fallen mir ein wenn ich zurückdenke. Das Engagement war bei vielen noch da, aber es war nicht zu übersehen, das der Nachwuchs fehlte. Auch der Nachwuchs im Gottesdienst. Wo waren die Kinder und Jugendlichen, die noch zur Ersten Heiligen Kommunion oder zur Firmung in der Kirche zu sehen waren, danach aber nicht mehr? Viele Gemeindemitglieder gingen zwar sonntags in die Messe, waren aber darüber hinaus nicht bei Veranstaltungen zu sehen. Das zeigte sich auch, wenn nach dem sonntäglichen Hochamt zu einem Empfang in den Pfarrsaal geladen wurde. Nur ein Bruchteil der Gottesdienstbesucher fand den Weg in den Saal. In anderen Gemeinden findet regelmäßig sonntags nach dem Hochamt ein Frühschoppen statt. In unserer Gemeinde wäre ein solches Unterfangen aussichtslos. Also entschloß man sich, zur Gemeinde zu kommen. Zweimal monatlich wurde nach den Messen am Sonntag vor der Kirche Kaffee und Tee ausgeschenkt, damit die Gemeinde auch außerhalb der Messe ins Gespräch kommen konnte. Diese Einrichtung zeigte einige Wirkung und wird bis zum heutigen Tag, wenn auch mit veränderter Frequenz, beibehalten.

Und es gab andere positive Tendenzen. Eine neue Initiative gründete den Kreis „Offene Gemeinde". Es gab den Miniclub und auch andere Gruppen und Kreise trugen weiterhin zum Gemeindeleben bei.

Erwähnt werden muß hier auch einmal der Kindergarten St. Josefshaus in der Clayallee. Die Schwestern des Kindergartens, Franziskanerinnen von Vöcklabruck, waren und sind auch heute noch ein Segen für unsere Gemeinde.

Das Leben einer Gemeinde wurde und wird natürlich auch durch den Kalender der Feste im Kirchenjahr bestimmt. Und so war unsere Gemeinde bemüht dankbar anzunehmen und daraus zu leben, was das Kirchenjahr ihr schenkte.

Im Jahr 1986 gab es wieder eine Wallfahrt nach Paray le Monial, jenem Ort, dem unsere Gemeinde durch die Herz-Jesu Verehrung sehr verbunden ist. Doch brachte das Jahr für unsere Gemeinde auch wieder eine traurige Erfahrung. Der

^ *Abb. 13 u. 14: Fronleichnamsprozession 1988*
  mit Kaplan Müller

Kaplan unserer Herz-Jesu Gemeinde, Pater Christoph Viergutz OSB aus der Abtei Münsterschwarzach, ein gebürtiger Berliner, der 1984 von seinem Orden für die Seelsorge beurlaubt wurde, legte sein Priesteramt nieder. Er trat wenig später aus der Katholischen Kirche aus.

Der Bischof von Berlin erlaubt im Jahr 1988 als Neuerung in der Liturgie auch den Einsatz von Frauen als Kommunionhelferinnen. In unserer Gemeinde gab es auch über diese Neuerungen Auseinandersetzungen. Den Dienst am Altar versahen die Kommunionhelfer bei uns in der Gemeinde in liturgischer Kleidung.

Negatives gab es von der Jugendarbeit zu berichten. Die Spannung zwischen den Jugendlichen und Pfarrer Adamski erreichte einen Höhepunkt bei der Fronleichnamsprozession. Die Pfarrjugend setzte ihre Ansicht bei der Gestaltung des Stationsaltars im Fischtal durch und der Pfarrer ging nicht mit zur Prozession.

Das übrige Gemeindeleben verlief in ruhigeren Bahnen, auch wenn die Zahl der Gottesdienstbesucher weiter stetig abnahm. Aber es gab eben auch das gemeindliche Engagement der vielen in den Gruppen: Offen Gemeinde, Gebetskreis für Peru, Bibelkreis, Miniclub, Helfer des Charitas-Kreises in Krankenhäusern und Heimen, die Helfer beim Kaffeeausschank vor der Kirche und die Pfarrbriefverteiler. Bemängelt wurde allerdings auch so manches Mal, daß einige Gruppen sich nur sehr wenig ins Gemeindeleben einbringen. So wünschte sich auch der Pfarrer mehr Mitarbeit in der „offiziellen" Gemeinde.

Im Bistum gab es hingegen fast schon einen offenen Streit. Im Westteil wurden umfangreiche Versetzungen von Pfarrern durchgeführt. Das brachte manchen Ärger bis hin zu tätlichen Protesten.

Das 80. Weihejubiläum unserer Kirche begingen wir im Jahr 1988. Der Tag wurde würdig gefeiert und beschlossen durch ein Konzert von Mitgliedern der Berliner Philharmoniker in unserer Kirche.

Im Jahr 1989 gab es wieder eine Wallfahrt unserer Gemeinde. Ziel war der Wallfahrtsort Lourdes, an dem in einer Grotte der Heiligen Bernadette Soubirous die Mutter Gottes erschienen ist. Die ganze Gemeinde war aufgefordert, ihre Gebetsanliegen den Wallfahrern mitzugeben und so an der Wallfahrt geistig teilzunehmen. Es gab eine Hl. Messe für die ganze Gemeinde am Vorabend der Abfahrt, bei der auch die große Kerze gezeigt wurde, die in der Grotte für unserer Pfarrei aufgestellt werden sollte. Der Weg nach Lourdes führte über Ars, Le Puy, Auch und weitere Städte auf dem alten Pilgerweg nach Santiago de Compostella in Spanien. In Lourdes selber ging die Gruppe aus unserer Gemeinde in geschlossener Prozession in den Heiligen Bezirk und zur Grotte, um dort die Kerze aufzustellen und zu entzünden. Es gab für unsere Gruppe auch eine Hl. Messe in der Krypta der Wallfahrtskirche. Pfarrer Adamski hatte das Programm wieder gewissenhaft ausgearbeitet. Die Rückfahrt führte über Nevers, Ruhestätte der Hl. Bernadette und Paray le Monial zurück nach Zehlendorf. Für alle Teilnehmer war diese Reise wieder eine geistliche Bereicherung und eine Vertiefung des Glaubens.

Eine Sorge brachten die verschiedenen, zum Teil auch größeren Diebstähle in unserer Kirche. Vor Jahren kam der Osterleuchter weg, jetzt wurde die Ampel mit dem Ewigen Licht gestohlen. Ein Ersatz, von einem Gemeindemitglied gespendet, kostete 8.500 DM. Aber den ganzen Gefahren zum Trotz sollte unsere Herz-Jesu Kirche tagsüber für Gebet und Andacht geöffnet bleiben. Pfarrer Adamski sagte immer, er finde eine geschlossene Kirche einfach schlimm.

Schlimm war auch die Situation der Kinder- und Jugendarbeit. Durch die kleine Zahl der Kommunionkinder konnten keine richtigen Kindergruppen entstehen. Und weil es auch an geeigneten Gruppenleitern mangelte, gab es eigentlich keine Kinder- oder Jugendgruppen.

Dann kam das Jahr 1990 und mit ihm die deutsche Einheit. Gerade in Berlin, der Stadt, die so sehr unter der Teilung leiden mußte, wurde sie begeistert gefeiert. Doch die Zusammenführung der beiden Bistumsteile des einen Bistums Berlin erforderte sehr viel Organisation. Immer noch wenige Katholiken aus dem ehemaligen Westteil des Bistums fanden den Weg in die St. Hedwigskathedrale, auch aus unserer Gemeinde. Aber immerhin war es jetzt möglich, im Sakramentenunterricht mit den Kindern und Jugendlichen in die Bischofskirche zu fahren und das Grab von Domprobst Bernhard Lichtenberg zu besuchen. Auch für die Ministranten wurde ein Ausflug nach Alt-Buchorst und Chorin möglich. Das Petrusblatt für den Westteil und das Hedwigsblatt für den Ostteil wurden zusammengeführt in der Katholischen Kirchenzeitung. Ein anderes Großereignis im Jahr 1990 war der 90. Deutsche Katholikentag vom 23. bis 27.Mai mit ca. 100.000 Teilnehmern. Das Bistum Berlin war wieder Gastgeber und unsere Gemeinde nahm wieder Gäste auf.

Pfarrer Adamski konnte im Jahr 1991 sein 25. Jubiläum als Pfarrer von Herz-Jesu feiern. In diesen Jahren hatte sich in unserer Gemeinde aber auch in der Kirche allgemein sehr viel verändert. Er sah diesen Tag als Tag der Ermutigung im nicht immer fröhlichen Weinberg des Herrn. Die Ministranten schenken ihrem Pfarrer zu diesem Jubiläum ein neues Birett, weil sie der Meinung waren, ein Pfarrer sollte, wenn er schon ein Birett aufsetzt, auch ein schönes haben. Über eine Busfahrt der Gemeinde nach Schlesien freute sich Pfarrer Adamski, der in Breslau aufgewachsen war, besonders. Eine Hl. Messe wurde am Grab der Hl. Hedwig in Trebnitz gefeiert, eine weitere in seiner Heimatkirche St. Bonifatius in Breslau. Von den polnischen Katholiken wurden unsere Wallfahrer besonders herzlich aufgenommen.

Aber Ärger blieb Pfarrer Adamski auch in diesem Jahr in der Gemeinde nicht erspart. Die Absetzung der Leiterin der Kinderschola durch den Pfarrgemeinderat führte zu einer Protestwelle in Form von Briefen und einer merklichen Abwanderung von Gemeindemitgliedern nach St. Otto.

Auf der anderen Seite gab es natürlich auch anderes, erfreuliches aus dem Gemeindeleben zu berichten. Unsere Kirchenmusikerin Frau Maria Giese mühte sich zwar manches Mal sehr mit dem Kirchenchor, brachte mit diesem aber sehr viel gute Messen und Motetten in Gottesdiensten und Andachten zu Gehör. Auch ihre Orgelkonzerte fanden weithin Beachtung.

Auch in seelsorgerischer Hinsicht gab es einige Erfolge zu verzeichnen. So wurden in den Werktagsgottesdiensten zwischen 20 und 50 Teilnehmer gezählt, eine Zahl, die für andere Gemeinden ein frommer Wunsch war. Zu den Rorate-Messen im Advent um 6.00 Uhr morgens sah man im Schnitt 40 Gottesdienstbesucher. Das war bestimmt nicht nur dem anschließenden Frühstück zu danken. Die besondere Atmosphäre der Rorate-Messen, die Dunkelheit, die vielen Kerzen, all das trug und trägt zum Zuspruch bei. Bis heute wird diese Messform in Herz-Jesu im Advent gefeiert.

Im Jahr 1992 fuhr dann eine Gruppe unserer Gemeinde in das Heilige Land. Eigentlich war die Israel-Reise schon für 1991 geplant, aber der Ausbruch des Golfkrieges führte dann zur Verschiebung. Am 3.3. starteten wir von Berlin-Schönefeld aus nach Tel Aviv. Nach einer Übernachtung dort ging es über den Berg Karmel und die Seefahrerstadt Akko nach Tiberias am See Genezaret. Wir besichtigten die Heiligen Stätten und feierten unter anderem die Hl. Messe in Nazaret, in Tabga am See Genezaret, auf dem Berg Tabor und in der Kirche Dominus Flevit auf dem Ölberg. Erschreckend war nicht die latente Gefahr durch Terrorangriffe, sondern die Streitereien der christlichen Konfessionen in der Grabeskirche in Jerusalem. An der Stätte, wo der Überlieferung nach das Grab unseres Herren und Erlösers Jesus Christus lag, schotten sich die einzelnen Konfessionen teilweise mit Stahlbetonmauern gegen einander ab. Nach 14 Tagen kehrten wir alle mit sehr vielen Glaubenserfahrungen zurück nach Berlin.

Die gesellschaftliche Entwicklung bestimmte immer wieder auch unser Gemeindleben und politische Themen fanden so auch Eingang in unsere Gemeinde. Anfang der 1990 er Jahre bestimmte die Diskussion um den § 218 auch unser Gemeindeleben. Das Bundesverfassungsgericht hatte die Fristenlösung zwar verworfen, aber doch den Weg zur Abtreibung über den Beratungsschein geöffnet. Die Katholische Kirche in Deutschland gab nach einer heftigen Diskussion dem Drängen aus Rom nach und stieg aus der Beratung aus. Einige Bistümer allerdings gingen einen Sonderweg, weil sie die Frauen nicht alleine lassen wollten. Die Katholische Kirche hatte keinen leichten Stand, galt als rückständig und konservativ, allerdings nur in negativer Hinsicht. Dabei geschah in dieser Zeit doch einiges. So traf sich der Heilige Vater 1993 erstmalig mit dem israelischen Oberrabbiner. Und zum Jahresende wurde zwischen dem Vatikan und Israel eine Grundsatzerklärung mit dem Ziel der diplomatischen Anerkennung unterzeichnet. In einer Zeit, in der Werte beliebig wurden und Wahrheiten relativ, trat Papst Johannes Paul II. für die Wahrheit ein und wurde nicht müde, die Liebe Christi allen Menschen zu verkünden, gelegen oder ungelegen. Und der Zuspruch gerade bei der Jugend gab ihm Recht.

Doch zurück zu unserer Gemeinde. Sie lebte nun mit konstant 4500 Gemeindemitgliedern. Und bei allen sonstigen Aktivitäten war und ist Mittelpunkt und Quelle des Gemeindelebens die Heilige Messe, die Eucharistie. Zwischenzeitlich gab es eine neue Kinderschola, gegründet von Frau Marianne Wolter. Auch ein Instrumentalkreis verschönte den Gottedienst. Es gab kaum Choralmessen, aber der Psalmengesang in Messe und Stundengebet wurde intensiviert. Auch waren die beiden Dekanantsbeichttage in unserer Kirche, vor Ostern und vor Weihnachten, gut besucht. Die sechs Priester hatten gut zu tun. Die Sonntagsmessen waren im durchschnitt mit etwa 450 Teilnehmern schwächer besucht, die Werktagsgottesdienste dafür immer noch gut. So auch die Andachten im Mai und Oktober. Kindermessen wurden zwar regelmäßig gefeiert, allein, es mangelte an Kindern.

Um die Kirchenmusik war es auch gut bestellt. Zum 25. Dienstjubiläum als Kirchenmusikerin gab Maria Giese am 3. Januar 1993 ein Konzert mit Werken von Prof. Joseph Ahrens. Am 14. März folgte ein Konzert zum Thema 20 Jahre Kleuker-Orgel in Herz-Jesu. Werke von Buxtehude, Sammartini, Telemann, Bach und Ahrens wurden gespielt von Frau Giese mit zwei Instrumentalsolisten an Cello und Sopranblockflöte.

Eine Wallfahrt nach Rom stand vom 1.10. bis 9.10.1993 auf dem Programm im Gemeindeleben. Eine stattliche Gruppe unserer Gemeinde machte sich auf in die Heilige Stadt und erlebte an den vielen Stätten wiederum Tage der Besinnung und Glaubensvertiefung. So wurde die Hl. Messe nicht nur in der Krypta des Petersdoms und in Santa Maria Maggiore gefeiert, sondern unter anderem auch in St. Maria Ara Coeli auf dem Kapitol und in den Katakomben. Aber auch eine Audienz beim Heiligen Vater stand auf dem Programm. Traurige Unterbrechung dieser Wallfahrt war die Nachricht vom plötzlichen Tod unseres ehemaligen Kaplans Stephan Müller, der seit 1990 Pfarrer von Brieselang war. Pfarrer Müller hatte einen schweren Autounfall, bei dem er ums Leben kam.

Bis zum 28. Februar 1996 war Pfarrer Adamski in unserer Gemeinde. Diese restlichen Jahre verliefen eher ruhig. Das Leben in unserer Pfarrei ging seinen gewöhnten Gang. Die Zahl der Gottesdienstbesucher blieb nun annährend konstant. Auch die Gruppen bereicherten das Gemeindeleben. Am 1. März trat Pfarrer Georg Adamski nach 30 Jahren als Pfarrer von Herz-Jesu und insgesamt mehr als 32 Jahren in unserer Gemeinde in den Ruhestand. Er zog nach Ochsenhausen bei Biberach und ist im dortigen Gemeindeverbund noch immer eifrig als Priester tätig.

JOSEF RUDOLF

Nachfolger von Pfarrer Adamski wurde Josef Rudolf. Geboren in Müllrose am 12.8.1947 lernte er von Kindheit an den katholischen Glauben in einem von der Regierung bewußt gewollten atheistischen Umfeld zu bekennen. Er wurde am 16.3.1974 zum Priester geweiht und war danach Kaplan in Demmin, einer Pfarrei, in der zum Dienst eines Seelsorgers unbedingt ein Auto von Nöten war. Die einzelnen Orte liegen weit verteilt auseinander. Zweite Kaplansstation war Berlin-Buch, die Krankenstadt, weil dort auf einem weiten Gelände das Klinikum Buch untergebracht ist. 1980 wurde er Kaplan und Studentenseelsorger in Greifswald. Dann berief ihn der Bischof von Berlin, Joachim Kardinal Meißner, 1982 zum Domvikar und machte ihn zu seinem Sekretär und Zeremoniar. Er wurde 1984 Notarius curiae und 1987 Rektor des Sprachenseminars in Schöneiche. Dort wurde er am 4.10.1987 zum Pfarrer ernannt und baute der dortigen Gemeinde eine neue Kirche. 1991 wurde er für drei Jahre beurlaubt und ging als Herr Petrus in das Augustinerchorherrenstift Herzogenburg in Oberösterreich. Von dort aus betreute er als Pfarrer die Gemeinde Oberwölbing. Seine Verbindungen nach Österreich kamen unserer Gemeinde in den folgenden Jahren einige Male zugute, ebenso wie seine Tätigkeit als Bischofsvikar. 1994 wurde er Lokalkaplan der Gemeinde Mutter vom Guten Rat in Berlin-Lichterfelde-Süd. Am 17. März 1996 wurde er als sechster Pfarrer der Herz-Jesu Pfarrei in sein Amt eingeführt.

In Josef Rudolfs erstem Jahr als Pfarrer von Herz-Jesu besuchte Papst Johannes Paul II. Berlin. Im Olympiastadion sprach er den Berliner Domprobst Bernhard Lichtenberg selig. Mit dabei waren etwa 300 Ministranten, einige davon auch aus unserer Gemeinde. Allerdings gingen vom Besuch des heiligen Vaters keine nennenswerten Impulse für unser Gemeindeleben aus.

Die fünf Priester Max Josef Metzger, Alfons Maria Wachsmann, Prälat Carl Lampert, Herbert Simoleit und Pater Friedrich Lorenz, die dem Bistum angehört hatten wurden von dem nationalsozialistischen Volksgerichtshof bzw. dem Reichskriegsgericht zum Tode verurteilt. Lamprecht, Simoleit und Lorenz waren am 13. November 1944 wegen „Vergehen gegen das Rundfunkgesetz, Wehrkraftzersetzung und Feindbegünstigung" hingerichtet worden. Wachsmann wurde „Wehrkraftzersetzung" vorgeworfen, Metzger „Hochverrat und Feindbegünstigung". Im Jahr 1996 stellte das Erzbistum Berlin einen Antrag auf rechtliche Rehabilitierung dieser Priester. Für unsere Gemeinde war das von Bedeutung,

^ *Abb. 15 u. 16: Feier des 50. Geburtstages von Pfarrer Rudolf im Pfarrgarten*

weil Herbert Simoleit aus Herz-Jesu stammte und in unserer Kirche am Passionssonntag des Jahres 1939, dem 26. März, seine Primiz, sein erstes Heiliges Messopfer feierte.

Am 14. Juli 1996 nahm Pfarrer Rudolf die Tradition der Gemeindewallfahrten wieder auf, wenn auch zuerst in kleinerem Maßstab. An diesem Tag führte uns eine Gemeindewallfahrt zur Gottesmutter nach Neuzelle. Pfarrer Rudolf kannte und kennt diesen Wallfahrtsort sehr gut, wuchs er ja nur wenige Kilometer entfernt auf. Aber ein Anfang war gemacht. Und so folgte im Sommer 1997, genauer vom 1. bis 7. Juni, die zweite Wallfahrt der Gemeinde Herz-Jesu in den österreichischen Marienwallfahrtsort Mariazell. Weitere Stationen dieser Wallfahrt waren Prag, Wien und Dürrnstein an der Donau. Und natürlich gab es einen kurzen Besuch im Augustinerchorherrenstift Herzogenburg.

Im selben Jahr ging auch die Kinderschola auf Reisen. Unter der umsichtigen und engagierten Leitung von Frau Marianne Wolter wuchs sie in den vergangenen Jahren und gedieh prächtig. Für zehn Tage ging es an den Traunsee im österreichischen Salkammergut in den Ort Ebensee. Diese Tage wurden nicht nur für die Kinder und Jugendlichen sondern auch für die Erwachsenen zu einem unvergesslichen Erlebnis. Und so führte ein Jahr später die zweite Scholareise wieder nach Ebensee, wo die Gruppe in einer von den Schwestern aus Vöcklabruck geführten Hauswirtschaftsschule mit Internat unterkam. Die Mädchen waren während der Ferien zu Hause und so konnte sich die Schola im ganzen

Haus ausbreiten. Nicht nur der Auftritt der Schola im sonntäglichen Gottesdienst der Pfarrkirche in Ebensee war ein Höhepunkt dieser Reise, sondern natürlich auch die Fahrt unseres Pfarrers Rudolf auf einem Surfbrett auf dem Traunsee. Und dabei bewies er Gottvertrauen, als er nicht im Surfanzug sondern in kurzer Hose, Poloshirt und Badelatschen vom Ufer aus aufs Surfbrett stieg und nach einer längeren Fahrt genauso wieder an Land ging. Diese Reise wurde wieder ein großer Erfolg, der auch nicht unwesentlich zum Zusammenhalt der kleinen Sängerinnen und Sänger beitrug.

Seinen 50. Geburtstag feierte Pfarrer Rudolf mit der Gemeinde und zahlreichen Gästen, auch aus Österreich, dann im August im Pfarrgarten.

Am 16. März 1999 gab es wieder einen Anlaß zum Feiern. Pfarrer Rudolf konnte sein silbernes Priesterjubiläum begehen. In den 25 Jahren seine priesterlichen Dienstes war er schon viel herumgekommen. Und diese Kontakte setzte er auch zum Wohl der Gemeinde Herz-Jesu ein.

Wie sein Vorgänger legte auch Pfarrer Rudolf großen Wert auf eine würdige Liturgiefeier und sorgte sich auch um die Ausstattung unserer Herz-Jesu Kirche. So hat er beispielsweise die Inschrift am Fuß der Kanzel und unter der Ikone der Immerwährenden Hilfe neu vergolden lassen. Ihm ist auch zu danken, das er die Wandteppiche, die auf dem Dachboden wiedergefunden wurden, restaurieren ließ und ihnen wieder ihren Platz in der Apsis zurückgegeben hat. So schmücken sie heute den Altarraum, werden aber in der Adventszeit und Fastenzeit, wie ursprünglich gedacht, abgenommen. Der nicht unerhebliche Betrag für die Restaurierung konnte durch Spenden zusammengebracht werden.

Durch den Umzug der Regierung und anderer wichtiger Institutionen nach Berlin Ende der 1990er Jahre ergab sich für unsere Gemeinde der glückliche Umstand des Wachstums. Die Rheinländer und speziell Bonner Familien waren und sind zu einem großen Teil katholisch. Und weil im Zusammenhang mit dem Umzug nach Berlin etliche Familien ihren Wohnsitz in Herz-Jesu nahmen, stieg die Mitgliederzahl der Gemeinde und auch die Zahl der sonntäglichen Gottesdienstbesucher merklich an. Auch die einzelnen Gruppen unserer Gemeinde konnten davon profitieren und fanden neue Mitglieder. Da die Räume im Pfarrhaus nicht mitwuchsen, verschärfte sich aber auch das Problem des unzureichenden Raumes für das Gemeindeleben.

Große Freude erlebte die Gemeinde jeweils in der Osternachtliturgie, in der immer wieder neue Mitglieder in die Katholische Kirche aufgenommen wurden.

Großen Zuspruch fanden die Andachten und Votivmessen für die Madonna von Fatima, die vom 25. bis 30. August 1999 in unserer Kirche zu Gast war. Aus ganz Berlin kamen Gläubige in unsere Kirche, um bei der Madonna aus Fatima zu beten. Der Wunsch vieler Gemeindemitglieder nach einer Anbetung vor dem Allerheiligsten im Anschluß an die Abendmesse an den Freitagen zeigte eine Vertiefung und Intensivierung des Glaubenslebens. Die Gelegenheit zu Gebet und Betrachtung wurde und wird von zahlreichen Gläubigen wahrgenommen.

Die folgenden Jahre waren für unser Gemeindeleben geprägt von der Aufgabe, eine Fusion mit der Gemeinde St. Otto vorzubreiten. Die Finanzen im Erzbistum Berlin standen sehr schlecht und die eingesetzten Gremien beschlossen, aus den über 200 Pfarrgemeinden des Erzbistums durch Fusion etwas mehr als 100 zu bilden. Der vorgesehen Fusionstermin wurde nach sehr intensiven Verhandlungen mit dem Erzbischöflichen Ordinariat auf November 2005 festgelegt. Bereits in den Jahren davor begannen erste Kontaktaufnah-

^ *Abb. 17: Madonna aus Fatima in der Herz-Jesu Kirche*

men mit der Nachbarpfarrei St. Otto. Im Vorgriff auf die Fusion gab Pfarrer Rudolf die Gemeinde Herz-Jesu auf und wurde am 17.10.2004 Pfarrer der Gemeinde St. Bonifatius in Erkner.

PETER-JÜRGEN WÖLLER

Da Pfarrer Rudolf bereits 2004 die Pfarrei Herz-Jesu aufgab, musste für die Interimszeit bis zur Fusion im Jahr 2005 ein Nachfolger bestellt werden. Man fand ihn in Pfarrer Peter-Jürgen Wöller, der für die Zeit vom 17.10.2004 bis zum

^ Abb. 18 u. 19: Fronleichnamsprozession 2006, vor der Kriche (o.), am ersten Altar in der Riemeisterstraße (u.)

31.10.2005 zum Pfarradministrator von Herz-Jesu ernannt wurde. Am 28.2.1934 geboren und bereits im Ruhestand, ließ sich der spätberufene und erst am 15.4.1989 zum Priester geweihte Pfarrer Wöller zu dieser Aufgabe überreden. In seine Amtszeit fiel die große Renovierung der Herz-Jesu Kirche für das 100 jährige Weihejubiläum, bei der der Aufsatz des Marienaltars aus der Wandnische wieder auf den ursprünglichen Platz in der Seitenapis gebracht wurde. Die Marienstatue vom Marienaltar wurde in die Seitennische gestellt. Während der Renovierung war die Kirche geschlossen. Die Messen wurden in der evangelischen Dorfkirche gefeiert. Pfarrer Wöller hatte dies mit dem Pfarrer der evangelischen Paulus-Gemeinde ausgehandelt.

CARL-HEINZ MERTZ

Mit der Fusion der Herz-Jesu Gemeinde mit der Nachbargemeinde St. Otto am 1.11.2005 kam Pfarrer Carl-Heinz Mertz zu uns. Geboren am 11.8.1953 wurde Pfarrer Mertz zusammen mit dem ehemaligen Kaplan von Herz-Jesu, Pfarrer Hans-Jürgen Lischka, am 7.7.1979 zum Priester geweiht. Über Kaplansstellen in Mater Dolorosa in Berlin Lankwitz, im Märkischen Viertel, in der Gropiusstadt und in Mariendorf wurde er 1988 Pfarrer von Maria Frieden in Mariendorf. Auf diese Pfarrei verzichtete er auf den Ruf des Erzbischofs hin, um am 1.11.2005 zum Pfarrer von Herz-Jesu ernannt zu werden. Pfarrer Mertz hat nicht nur die schwierigen Aufgaben der Fusion zu meistern, die noch immer nicht abgeschlossen ist, sondern musste auch zu Beginn seines Amtes heftige Diskussion um die vom Kirchenvorstand beschlossene Wiederherstellung des Originalfußbodens in der Herz-Jesu Kirche aushalten. Nun aber sind alle Bauarbeiten in der Kirche angeschlossen und die Gemeinde kann sich dem weitern Zusammenwachsen der beiden Teilgemeinden widmen.

AUSBLICK

Hier geht der Überblick zur Geschichte der Herz-Jesu Kirche und Gemeinde zu Ende. Gerade die ersten Jahre des neuen Jahrtausends brachten viele Veränderungen mit sich, nicht zuletzt durch die Wiedereingliederung der Gemeinde St. Otto in ihre alte Muttergemeinde Herz Jesu. Die meisten von uns haben diese Jahre miterlebt, ja viele haben sie mitgestaltet. Diese Schilderung der Jahre von Pfarrer Adamski bis Pfarrer Mertz ist natürlich geprägt von persönlich Erlebtem. Aber auch nüchterne Zahlen von Statistiken und Jahresrückblicken wurden verarbeitet. Sicher könnte man noch das eine oder andere schildern. Doch das sei einer Festschrift zur 150 Jährigen Feier der Kirchweihe vorbehalten, so Gott will! Möge Gott der Herr, der über die letzten Hundert Jahre so gut für seine Gemeinde gesorgt hat, uns auch in den nächsten Jahren treu sein und uns in seiner Huld bewahren.

Mit Pfarrer Mertz und Kaplan Faustmann begehen wir das festliche Jubiläum des hundertjährigen Bestehens unserer Kirche. Doch für das Leben einer Gemeinde sind nicht nur die Geistlichen von Bedeutung, sondern jede und jeder Einzelne ist immer wieder gefragt, den Glauben, der uns eint, im Gemeindeleben lebendig werden zu lassen. Viele sind diesem Ruf während der zurückliegenden hundert Jahre gefolgt, und so möge der Überblick über die Geschichte unserer Kirche und unserer Gemeinde mit einigen Zeilen enden, die ich als Vorsitzender des Pfarrgemeinderates in meinem Jahresrückblick auf unsere Pfarrei im Jahr 2000 geschrieben habe:

Eine lebendige Gemeinde, eine Kirche, auferbaut aus lebendigen Steinen, wie Petrus sagt, lebt jedoch nur durch die Mithilfe jedes einzelnen Gemeindemitgliedes. Viele von uns sind in den einzelnen Gruppen unserer Gemeinde aktiv, eine große Zahl steht auch alleine zur Verfügung, um mitzuarbeiten und mitzugestalten. Ihnen allen gebührt unser herzlicher Dank für ihre Arbeit.

Wieviel Hingabe und Fleiß des Einzelnen steckt in der Arbeit, die sie leisten. Alle sind sie da, um unser Gemeindeleben bunter zu gestalten, sind da, wenn man sie braucht. Wieviel Zeit wird in die Arbeit investiert. Und doch, nur durch die Hilfe dieser vielen ehrenamtlichen Helfer gelingen unsere Gottesdienste so schön, sind unsere Feste so gemütlich, ist unser Gemeindeleben so „lebendig". Ihnen allen ein herzliches „Vergelt's Gott".

ad multos annos

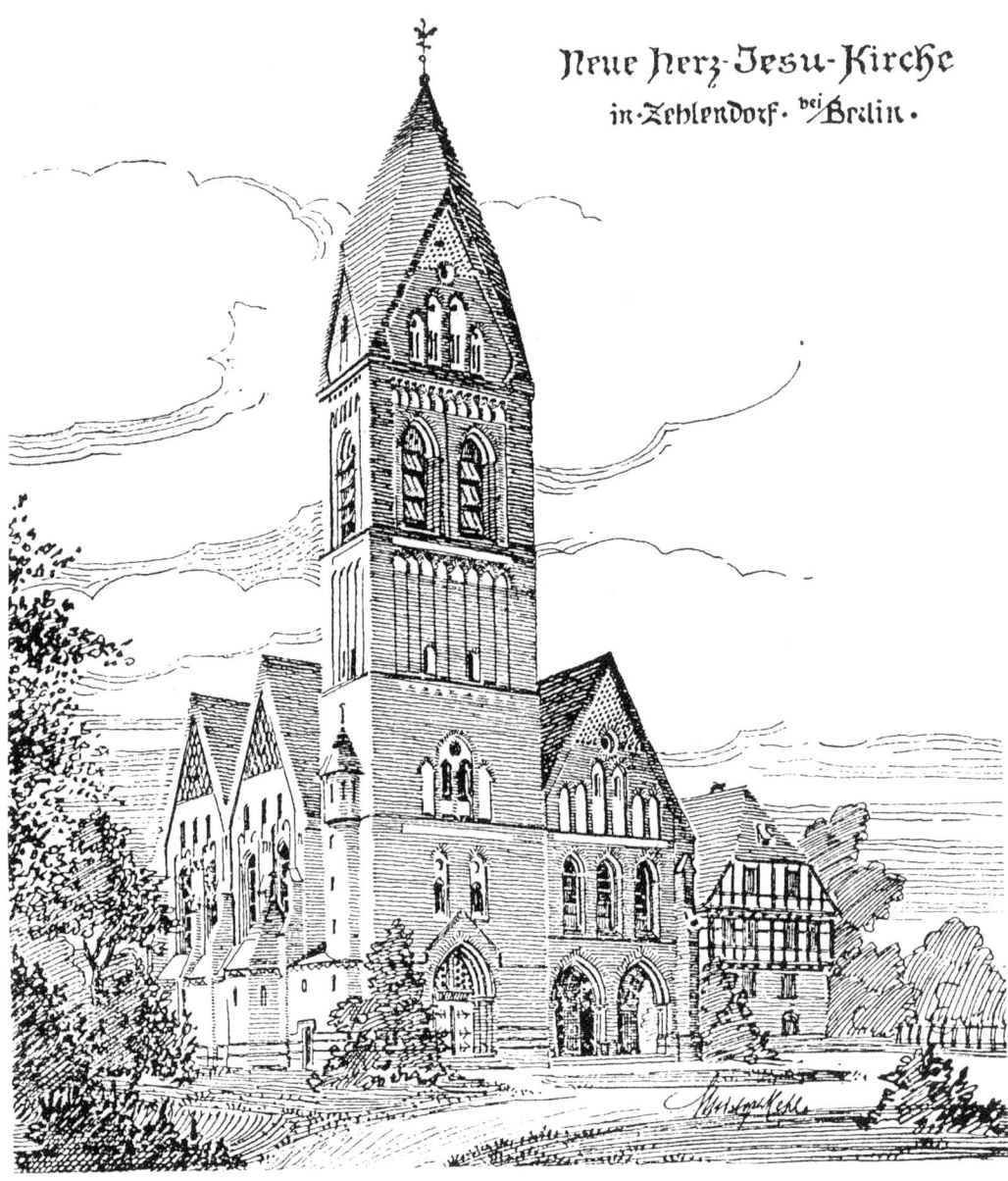

Neue Herz-Jesu-Kirche
in·Zehlendorf·bei·Berlin·

EIN ZITAT
AUS DEM JAHR 1908

„Das große Werk steht heute fertig da – Gott sei Dank! Aber gar vieles fehlt noch an der inneren Ausstattung. Deshalb wird der Anblick des schönen Baus noch machen antreiben, seine milde Hand zu öffnen, um das Fehlende zu ergänzen."

Diese Worte stehen am Schluß der Festschrift zur Konsekration der Herz-Jesu Kirche in Berlin Zehlendorf am 6. September 1908. Die Herz-Jesu Kirche stand nun fertig da und steht auch heute zur 100. Wiederkehr dieses Jubiläums da, als markantes Zeichen. Zwei Kriege hat sie überstanden, der zweite hat unzählig viele Ruinen in Berlin zurückgelassen. Aber sie steht noch an ihrem Platz ohne größere Schäden davon getragen zu haben. Wie in der Festschrift zur Konsekration beschrieben, fehlte lange Zeit das eine oder andere. Eine Orgel bekam das Gotteshaus erst im Jahr 1911, die Glocken wurden drei Mal auf den Turm aufgezogen, 1924 und 1958, nachdem sie in den beiden Kriegen jeweils eingeschmolzen wurden. Auch erklingt seit 1973 eine neue Orgel. Die Herz-Jesu Kirche steht nun und lädt die Menschen ein zu Gottesdienst, Andacht und Gebet. Seit 100 Jahren ruft sie nicht nur die Gemeinde zusammen. Wie in der Festschrift zur Konsekration beschrieben, wurden und werden milde Hände gebraucht, die sich öffnen, um das eine oder andere Fehlende zu ergänzen oder zu ersetzen.

< *Abb. 20: Federstrichzeichnung aus der oben zitierten Festschrift. Sie zeigt den Gesamteindruck von Kirche und Pfarrhaus aus dem Jahr 1908. Zu erkennen ist die von allen Seiten gut einsehbare Kirche. Heute ist dieser freie Blick durch das viele Grün der Bäume nicht mehr ganz erhalten*

ERRICHTUNGSURKUNDE

(handschriftlich: 2.13) *Herz Jesu, Bln.-Zehlendorf*

Verordnungen

des

Fürstbischöflichen General-Vikariat-Amtes

zu

Breslau.

—

№ 491.

v. 10.5.1910

(am Rand: Herz Jesu)

I.

Infolge Zunahme der Katholiken in Zehlendorf und Umgegend sehe ich mich veranlaßt, die dortigen Katholiken von der Pfarrei Steglitz bezw. der Pfarrei Potsdam und St. Matthias in Berlin zu trennen und in eine Kuratiegemeinde zu vereinigen, und zwar unter folgenden Bestimmungen:

(am Rand: Errichtungs-urkunde für die Kuratiegemeinde Zehlendorf.)

1. Die Kuratiegemeinde Zehlendorf wird begrenzt

   a) im Osten von der politischen Gemeinde Groß-Lichterfelde vom Teltow-Kanal bis zum Kreuzungs-punkte der Werder-, Ladenberg- und Altensteinstraße in Dahlem. Von da ab bildet die Grenze die Achse der Werderstraße bis zum Treffpunkte des alten Teltower Weges; ferner die Achse dieses Weges bis zum Treffpunkte der Königin-Luisenstraße;

   b) im Norden bildet die Grenze die Achse der Königin-Luisenstraße bis zum Jagdschloß Grune-wald einschließlich; dann die Achse des Weges vom Jagdschloß Grunewald bis zum großen Stern;

   c) im Westen wird die Grenze gebildet von der Achse des Kronprinzessinnen-Weges bis Beelitzhof einschließlich; sie fällt dann zusammen mit der Grenze der Gemeinde Wannsee, der Gemarkung Dreilinden und der Gemeinde Klein-Machnow sowie der Kreisstadt Teltow;

   d) im Süden fällt die Grenze zusammen mit der südlichen Grenze des Rittergutes Düppel bis zum Treffpunkte mit der Grenze der politischen Gemeinde Zehlendorf und läuft mit dieser Grenze zusammen bis zum Treffpunkte mit dem Teltow-Kanal, dann diesen entlang bis zum Ausgangs-punkte oben unter a.

Demnach werden zur Kuratie Zehlendorf gehören: Zehlendorf mit den beiden Kolonien Schönow und Schlachtensee, ferner ganz Düppel mit der Kolonie Nikolasee und der oben unter a, b und c fest-gelegte Teil von Dahlem und Forst Grunewald.

2. Die katholischen Bewohner des innerhalb so begrenzten Kuratie-Bezirks Zehlendorf werden, so-weit sie bisher bereits ordnungsmäßig eingepfarrt waren, aus ihrem bisherigen Pfarrverbande aus-geschieden und mit den bisher noch nicht einem Pfarrbezirke überwiesenen Ortschaften einem selbst-ständigen Seelsorger überwiesen, der seinen Sitz in Zehlendorf hat.

3. Die Kuratie verbleibt im Verbande des Archipresbyterats Charlottenburg und des Gesamt-verbandes der katholischen Kirchengemeinden von (Groß) Berlin.

4. Der Kuratus übt alle pfarrlichen Rechte und Pflichten selbständig aus.

5. Die Urkunde tritt mit dem 1. April d. J. in Kraft.

Breslau, den 22. März 1910.   Der Fürstbischof.
Errichtungsurkunde für die Kuratie Zehlendorf.   (Siegel.)   gez. G. Kard. Kopp.
G. K. 2456.

Die nach der vorstehenden Urkunde vom 22. März 1910 von dem Kardinal-Fürstbischof von Breslau kirchlicherseits ausgesprochene Errichtung und Umschreibung der katholischen Kuratiegemeinde Zehlendorf wird auf Grund der von dem Minister der geistlichen, Unterrichts- und Medizinal-Angelegen-heiten mittels Erlasses vom 10. März d. J. - G. II. 8278 - uns erteilten Ermächtigung hierdurch von Staatswegen bestätigt und in Vollzug gesetzt.

Potsdam, den 30. März 1910.   (Siegel.)

Königliche Regierung, Abteilung für Kirchen- und Schulwesen.
von Witte

II. E. 2047.

URTEIL SIMOLEIT

Reichskriegsgericht 28. Sep. 1944

Haftsache!

Im Namen des Deutschen Volkes!

Feldurteil.

In der Strafsache gegen
1.) den katholischen Geistlichen
Friedrich L o r e n z ,
2.) den katholischen Pfarrer
Herbert S i m o l e i t
wegen Zersetzung der Wehrkraft,
Feindbegünstigung u.a. hat das
Reichskriegsgericht, 2.Senat, am
4. September 1944 auf Grund der
mündlichen Hauptverhandlung vom
2. bis 4. September 1944,
an der teilgenommen haben
als Richter:
Generalstabsrichter beim Reichs-
kriegsgericht Biron,
Verhandlungsleiter,
Vizeadmiral Arpe,
Oberst Röhrs,
Oberst Matthey,
Oberkriegsgerichtsrat Vollbrecht,
als Vertreter der Anklage
Generalstabsrichter beim Reichskriegsgericht Dr. Kraell,
Oberreichskriegsanwalt, Oberstrichter Dr. Speckhardt,
als Urkundsbeamter:
Reichskriegsgerichtsoberinspektor Wagner,
für Recht erkannt:
Der Angeklagte S i m o l e i t wird wegen Zersetzung der Wehrkraft und wegen
Rundfunkverbrechens zum Tode verurteilt.
Der Angeklagte L o r e n z wird wegen Zersetzung der Wehrkraft, Feindbe-
günstigung und Rundfunkverbrechens zum Tode verurteilt.
Gegen beide Angeklagte wird auf Verlust der Ehrenrechte erkannt.

Von Rechts wegen.   Gründe..

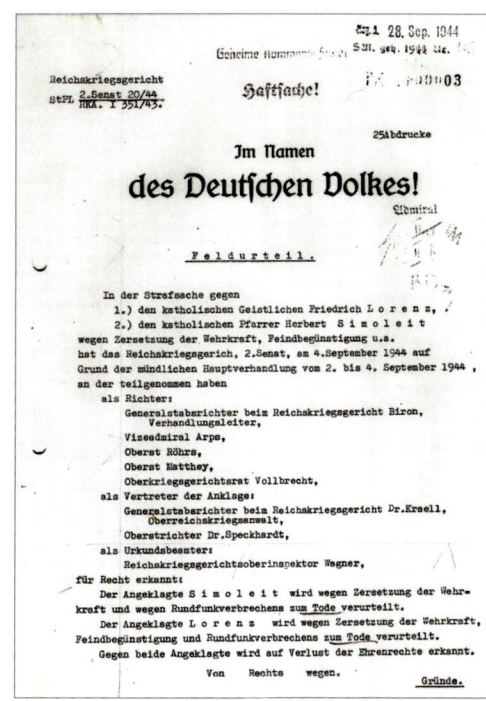

Gründe: I.

Die beiden Angeklagten sind durch Urteil des 2. Senats des Reichskriegsgerichts vom 28. Juli 1944 verurteilt:

Der Angeklagte S i m o l e i t wegen Zersetzung der Wehrkraft und wegen Rundfunkverbrechens zum Tode.

Der Angeklagte L o r e n z wegen Zersetzung der Wehrkraft, Feindbegünstigung und Rundfunkverbrechens zum Tode.

Der Präsident des Reichskriegsgerichts hat durch Verfügung vom 15.8.1944 dies Urteil aufgehoben.

Die erneute Hauptverhandlung hat folgenden Sachverhalt ergeben:

II.

1.) Der. Angeklagte L o r e n z ist am 10.6.1897 in Klein-Freden, Bezirk Alfeld a.d. Leine, als Sohn des 1936 verstorbenen Oberpostschaffners Friedrich Lorenz geboren und wurde im katholischen Glauben erzogen. Nach dem Besuch der Volksschule und der ersten Klassen des Gymnasiums trat er mit 13 Jahren in eine Klosterschule ein und verliess sie nach 6 Jahren im Jahre 1916 mit dem Abschlußzeugnis. Am 21.9.1916 wurde er zum Militär eingezogen und kam im November des gleichen Jahres ins Feld. Er erhielt im Jahre 1917 des E.K.II.Klasse. Im Oktober 1917 und April 1918 wurde er verwundet. Nach seiner Entlassung aus dem Militärverhältnis kehrte er zum Orden zurück und ging nach Künfeld bei Fulda zum weiteren Studium der Theologie und Philosophie. Im Jahre 1924 wurde er zum Priester geweiht. In der Folgezeit war er in den verschiedenen Häusern des Ordens als Volksmissionar tätig. Im Jahre 1934 kam er als Kaplan nach Stettin-Zülchow. Bei Ausbruch des Krieges wurde er als Feldgeistlicher eingezogen und der 207. Division zugewiesen. Er wurde mit der Spange zum EK.II.Klasse ausgezeichnet. Im Jahre 1941 wurde er wieder entlassen. Danach war er seit 1942 als Kaplan in Stettin tätig. Im Auftrage des Generalkommandos Stettin widmete er sich dort der Lazarettseelsorge.

2.) Der Angeklagte S i m o l e i t ist am 22. Mai 1906 als Sohn des Baumeisters Karl Simoleit in Berlin-Steglitz geboren und wurde im katholischen Glauben erzogen. Der Angeklagte hat die Oberrealschule und später eine Knabenmittelschule bis zur mittleren Reife besucht. Sodann erlernte er den Kaufmannsberuf. Diesen Beruf übte er die nächsten Jahre aus. Während dieser Zeit bereitete er sich auf das Abitur vor, das er dann auch bestand. Er studierte nunmehr katholische Theologie. Im März 1939 wurde er zum Priester geweiht. Als Kaplan war er bis 1941 in Greifswald und von da ab in Stettin tätig. Seit dem 15. November 1942 ist er Lokalkaplan in Stettin-Braunsfeld. Vom Kriegsausbruch bis zum 1. Januar 1943 war er im Nebenamt Wehrmachtpfarrer, danach Lazarettseelsorger.

III.

1.) Der Angeklagte S i m o l e i t , der bis zum Jahre 1941 als Kaplan bei dem katholischen Pfarrer Wachsmann in Greifswald tätig war, hat bereits zu dieser Zeit in Gemeinschaft mit diesem ausländische Sender abgehört. Wachsmann ist durch Urteil des Volksgerichtshofs vom 4. Dezember 1943 zum Tode verurteilt worden, weil er Jahre hindurch seine Kapläne und andere Personen am Hören des Londoner Hetzsenders teilnehmen ließ und weil er weiter Studenten, meist Soldaten, gegenüber unsere Wehrmachtsberichte anzweifelte und immer wieder erklärte, dass wir den Krieg nicht gewinnen könnten und dass wir Schuld am Kriege hätten.

Nachdem Simoleit nach Stettin versetzt worden war, hörte er insgesamt etwa 7 bis 8 mal in der Wohnung des Küsters Witek militärische Nachrichten vom Londoner Sender.

Auch der Angeklagte Lorenz nahm Ende 1942 oder Anfang 1943 in der Wohnung des Küsters Witek insgesamt etwa 5 bis 7 mal am Abhören militärischer Nachrichten vom Londoner Sender teil.

In einem Fall gab er eine bestimmte Nachricht von Ende 1942, dass nämlich 22 deutsche Divisionen vor Stalingrad eingekesselt seien und ihrer Vernichtung entgegengingen, an andere Personen weiter.

2.) Der Angeklagte Simoleit veranstaltete seit Sommer 1942 wöchentlich einmal in seiner Wohnung Zusammenkünfte, sogenannte Soldatenabende, um hier katholischen Soldaten die Gelegenheit zu geben, einen Abend ausserhalb ihrer militärischen Umgebung unter religiös Gleichgesinnten zu verbringen.

Der Kreis der Teilnehmer an diesen Abenden wechselte zunächst ziemlich stark. In der Folgezeit, insbesondere vom September 1942 ab, fanden sich im allgemeinen immer die gleichen Personen zusammen. Die Zahl der Besucher an diesen Abenden schwankte zwischen 4 und 8 Personen. Zu den regelmäßigen Teilnehmern gehörten ausser dem Gastgeber Simoleit der Angeklagte Lorenz, der Ingenieur Hagen und der Marineintendanturrat d. Res. Mandrella, weiter dessen Bruder Obergefreiter Mandrella, Unteroffizier Mayer, Unteroffizier Nairz, Obergefreiter Zimmerer, Sanitätsgefreiter Zumbe, gelegentlich auch der Leutnant Dreesen und andere Wehrmachtangehörige.

Die Zusammenkünfte bei Simoleit dauerten etwa 1 bis 1 1/2 Stunden, Während derselben bewirtete Simoleit seine Gäste mit Zigaretten und Keksen, zuweilen auch mit Wein oder Spirituosen. Nach dem Verlassen der Wohnung des Simoleit begaben sich die Beteiligten oft in die in der Nähe gelegene Gastwirtschaft des Unteroffiziers Mazurkewitz, wo von ihnen bei gemeinsamer Unterhaltung noch einige Gläser Bier getrunken wurden. Die Unterhaltungen an diesen Soldatenabenden, die angeblich der seelischen Betreuung dienen sollten, nahmen bald einen politischen Charakter an, insbesondere nach dem Erscheinen des Intendanturrats Mandrella, der bald der Wortführer an den Abenden wurde. Er verstand es immer wieder, das Gespräch auf politische Dinge zu bringen. In seinen Darlegungen zeigte sich Mandrella als ausgesprochener Gegner der nationalsozialistischen Weltanschauung und Staatsführung. Er nahm in schärfster Weise gegen die Maßnahmen der Führung auf politischem und militärischem Gebiete Stellung und unterliess es nicht, wiederholt gehässige und zersetzende Urteile über führende Männer des Staates, insbesondere den Führer abzugeben. Er vertrat des öfteren die Ansicht, dass die Kriegslage für uns ungünstig, der Krieg nicht zu gewinnen und dass es auch erwünscht sei, wenn der Krieg verloren würde, denn nur dadurch könne der Nationalsozialismus beseitigt werden.

Mandrella ist durch Urteil des Reichskriegsgerichts vom 12.5.1943 wegen Zersetzung der Wehrkraft zum Tode verurteilt; das Urteil ist vollstreckt worden.

Der Angeklagte Lorenz nahm seit Oktober 1942 an diesen Soldatenabenden 3 bis 4 Mal teil. Er vertrat dabei gelegentlich Simoleit als Gastgeber, wenn dieser am Erscheinen verhindert war. Lorenz brauchte bei den Unterhaltungen an diesen Abenden überaus abfällige Ausdrücke gegen den Nationalsozialismus und ereiferte sich dabei sehr. Bei einer solchen Zusammenkunft führte er einmal aus, dass das Jahre 1943 den Anfang der endgültigen Vernichtung des Nationalsozialistischen Regimes und des superpreußischen Militarismus bringen werde. Es werde dann bei der Abrechnung keine Gnade geben. Er selbst (Lorenz) wolle sich an der Ausrottung geistig beteiligen. Es werde nach der Niederlage keinem nützen, sich irgend wohin zu verkriechen, man werde sie doch alle bekommen. Er teilte bei dieser Gelegenheit mit, dass an der Ostfront 22 Divisionen der Achsenmächte eingekesselt seien und dass sich unter diesen 7 italienische und mehrere rumänische Divisionen befänden. Sämtliche eingekesselte Divisionen gingen ihrer sicheren Vernichtung entgegen.

Nachdem Mandrella Ausführungen in der Richtung gemacht hatte, der Nimbus, der Führer sei ein großer Stratege, sei im Volke schon im Wanken begriffen, äußerte sich Lorenz dahin, es sei ein Irrtum zu glauben, die Sowjetunion habe Deutschland angreifen wollen.

An demselben Abend sprach Lorenz ausserordentlich gehässig über den Generaloberst Dietl; er erzählte, dass dieser die deutschen Soldaten rücksichtslos in das russische Feuer jage; er werde deshalb der Schlächter von Murmansk genannt. Bei anderer Gelegenheit im Herbst 1942 äußerte sich Lorenz abfällig über den Minister Dr. Goebbels. Er sagte: Die Mutter von Goebbels sei allerdings Katholikin, aber der Jupp selbst sei ja ein gottloser Teufel und ein Hasser der Katholiken. Er führte weiter aus, dass auch für diese Männer noch ein grosser Rückschlag kommen werde, und zwar in Afrika. Die Engländer würden dort an drei Seiten und mit überlegenen Kräften angreifen, dann werde auch der Rommel bald »ausgerommelt« haben. Die führenden Männer hätten immer den Mund so voll genommen und dem Volke klar gemacht, dass der Russe schon erledigt sei, und dabei fange doch jetzt erst der Krieg im Osten an. Erst jetzt leiste der Russe Widerstand. Aus diesem Grunde müßten auch alle eingezogen werden. Lorenz meinte ferner: Er wundere sich darüber, dass die Zeitungen des Reiches geschrieben hätten, dass auf Befehl Stalins die Kommissare bei der Truppe abgeschafft seien, im Gegensatz zu uns; bei uns würden die Kommissare jetzt eingeführt. Man könne sich über die Niedertracht der

Gestapo kein Bild machen, diese Kerle redeten überall mit, selbst wenn einer einen Posten antreten wolle, nähmen diese dazu Stellung.

Als an einem späteren Abend im Januar 1943 wiederum die militärische Lage, insbesondere auf dem nordafrikanischen Kriegsschauplatz besprochen wurde, brachte Lorenz zum Ausdruck, der Krieg in Afrika sei für die Engländer und Amerikaner bereits gewonnen. Rommels Strategie habe sich nur so lange bewährt, als ihm ein zahlenmäßig unterlegener Feind gegenübergestanden habe.

An einem anderen Abend wurde über die Beschlagnahme und die Schließung von Klöstern gesprochen, hierbei gab Lorenz der Hoffnung Ausdruck, dass sich dies alles einmal an der Partei furchtbar rächen werde. Als Mandrella darauf tröstend meinte, die Kirche werde alles schon einmal wiederbekommen, erwiderte Lorenz mit scharfen Worten: »Von diesen Gaunern aber nicht«.

Lorenz widersprach den staatsfeindlichen Ausführungen des Mandrella an diesen Abenden in keiner Weise; es muss im Gegenteil festgestellt werden, dass er den Bosheiten und Gemeinheiten des Mandrella bereitwillig Gehör schenkte. Bezeichnend in dieser Hinsicht ist folgender Vorgang! Im Laufe der Unterhaltung hatte Mandrella einen sogenannten Witz erzählt, der bereits in dem Verfahren Mandrella zur Sprache gekommen ist und der folgenden Inhalt hat: »Als nach dem Sturz des nationalsozialistischen Regimes Hitler und Göring auf dem Potsdamer Platz in Berlin an einem Laternenpfahl aufgehängt worden seien, habe Göring zu Hitler hinübergeröchelt: »Siehst Du Adolf, ich habe Dir immer gesagt: Dieser Krieg wird in der Luft entschieden!« Diese Erzählung des Mandrella fand den besonderen Beifall des Lorenz. Als Simoleit am Spätabend in seine Wohnung zurückkehrte, bat Lorenz den Mandrella, den sogenannten Witz noch einmal zu erzählen, damit ihn auch Simoleit höre. Dieser erklärte nach Anhören des »Witzes«, dass darauf KZ stände. Gleichwohl erzählte Lorenz diesen »Witz« am nächsten Tage an der gemeinsamen Mittagstafel in der Probstei.

Ebenso wie Lorenz betrieb auch Simoleit, der Gastgeber der in seiner Wohnung versammelten Soldaten, an diesen Abenden eine eindeutige Propaganda gegen den Nationalsozialismus und die Kriegsführung. Auch wenn Simoleit, ein außerordentlich gewandter Redner, bestrebt war, diese Abende als Studienabende, die angeblich der Wehrmachtbetreuung dienen sollten, zu tarnen, so kann über die Zielrichtung seines Tuns nach seinen Äußerungen kein Zweifel bestehen. In einer Fülle von Aussprachen an diesen Unterhaltungsabenden unternahm er als katholischer Geistlicher, dessen Beruf und Lebensaufgabe doch in erster Linie in der religiösen Betreuung seiner Mitmenschen liegt, es, Gift in die Seelen seiner meist jugendlichen Zuhörer zu träufeln.

So vertrat er im Kreise der Gäste des Heimabends die Ansicht, daß Deutschland den Krieg nicht gewinnen könne; er kleidete das in die Worte:

»Hitler hat sich verrechnet, in diesem Kriege werden Deutschland und Italien gemeinsam untergehen.« In anderem Zusammenhang gebrauchte er die

Worte: »Den Krieg haben wir gewollt, wir werden ihn auch verlieren.« In seinem Haß gegen den nationalsozialistischen Staat machte er kein Hehl aus der Freude über die deutschen Rückzüge, indem er dabei zum Ausdruck brachte, dass der Sieg der Gegner Vorteile für die Kirche verspreche. An einem anderen Abend im Oktober 1942 erklärte er, dass jetzt bei uns schon eingezogen würde, was nur laufen könne; das sei das letzte Aufgebot. An demselben Abend brachte er mit Freuden zum Ausdruck, dass die Engländer in breiter Front angetreten seien; er bemerkte dabei, dass wir diesmal die Verlierer sein würden.

Einige Tage später, am 11.November 1942, nach der Landung der Nordamerikaner und Engländer in Nordafrika führte Simoleit aus: Es ist noch niemals für die Nazis eine schlechtere Lage gewesen wie diesmal und so überraschend. Es ist die zweite Front angetreten und gleich so, dass sich die Lage für die Nazis in wenigen Tagen verschlechtert hat. Dann meinte Simoleit zu dem Zeugen Hagen, einem Ostmärker, er könne froh sein, dass er Österreicher sei; denn dort würde die Rache der Sieger doch nicht so in die Erscheinung treten wie im Altreich.

Simoleit, ein Mann von großem Geltungsbedürfnis, verbreitete an den Soldatenabenden Nachrichten der verschiedensten Art; so erzählte er einmal, dass viele österreichische Offiziere und Mannschaften in den Dienst der Sowjetunion getreten seien, darunter auch ein General Bauer. Dieser General Bauer spreche täglich durch den Rundfunk zu seinen österreichischen Kameraden. Diese Maßnahme des General Bauer werde sicherlich den österreichischen Kameraden, die jetzt im deutschen Heere dienten, zu denken Anlaß geben.

Bei anderer Gelegenheit sprach er davon, dass aus dem Westen des Reiches die Meldung gekommen sei, dass dort schon 15jährige Jungen zu der sogenannten Heimflak eingezogen würden. Es sei ein sehr schlechtes Zeichen, wenn die Nazis schon Kinder heranziehen.

An einem Abend im Januar 1943 sprach Simoleit über den Gaskrieg; er führte dabei aus, dass er nicht an einen bevorstehenden Gaskrieg glaube, jedoch nicht etwa, weil die Deutschen aus Humanität nicht damit anfangen würden, sondern weil sie sich auf diesem Gebiete der Kriegführung den Engländern, Amerikanern und Russen unterlegen fühlten. Im Anschluß daran beschäftigte er sich weiter mit dem Begriff der Humanität und erklärte, dass das Wort Humanität nur noch ein Wort der deutschen Propaganda sei; es gehöre von der Führung schon allerlei dazu, die friedfertigen Deutschen in der Tschechei dazu anzustiften, Bahnkörper zu sprengen, Hindernisse zu legen, sie also zu vollkommenen Verbrechern zu machen. Wenn dann die tschechoslowakische Staatsführung dagegen einschritte, sei die Rede von den »armen gequälten Deutschen«.

Der Angeklagte übte bei anderer Gelegenheit auch eine abfällig Kritik an den Maßnahmen der SS. und führte in dieser Hinsicht folgendes aus: Was im Protektorat an Grausamkeiten geschehe, das ist ein Kinderspiel gegen die unerhörten Grausamkeiten der SS. in Polen. Diese Grausamkeiten in Polen sind wieder nicht zu vergleichen mit den Scheußlichkeiten, die in Estland und Lettland von der SS. durchgeführt werden. An einem einzigen Tage seien in Estland 3500 Juden von den SS.-Männern ins Grab geschossen worden. Er sprach von den Grausamkeiten der vertierten SS.-Mörder und meinte am Schluß, dass diese Scheußlichkeiten vom lieben Gott nicht mit unserem Siege belohnt werden könnten, sei doch klar und bedürfe keiner Widerlegung.

Zu der Innenpolitik des nationalsozialistischen Staats nahm Simoleit an einem anderen Abend dahin Stellung, dass wir jetzt in einen entscheidenden Abschnitt hineinkämen. Die Maßnahmen der Nazis glichen genau denen des Kommunismus. Es werde jetzt eine derartige Unterdrückung einsetzen und endlich in ein Blutbad ausarten. Simoleit äußerte sich auch mehrfach abfällig über die Person des Ministers Dr. Goebbels und dessen Maßnahmen. So erzählte er, dass dieser für die Feiern am 30. Januar alle Theater und Lichtspielhäuser in Berlin in Anspruch nehmen wollte. Da man aber für diesen Tag einen Luftangriff befürchtete, seien die Theater usw. wieder freigegeben und die Feiern auf den 31. Januar verschoben worden. Simoleit meinte dann: Die Engländer würden dies hoffentlich zu erfahren bekommen und ihnen die Feiern dann richtig »versauen«. Simoleit sagte bei einer anderen Zusammenkunft über Maßnahmen der Partei, dass es keine gemeinere Einrichtung als die Partei gebe, an der Spitze der Propagandaaffe Goebbels. Als Mandrella davon sprach, dass der Nationalsozialismus eine elende Demoralisierung ins Volk hineintrage und als Beispiel dafür das Verhalten der Soldatenfrauen anführte, erwiderte der Angeklagte, dass das gut sei, denn so müsse es bald zu einer Erschütterung kommen. Die Nazis seien in die Volksseele eben doch noch nicht so eingedrungen, wie sie vorgäben.

Die von der Staatsführung angeordnete Kinderlandverschickung stellte der Angeklagte Simoleit in Parallele zu den von dem Juden Kaufmann aus den Vereinigten Staaten propagierten Maßnahmen gegen die deutsche Jugend, Simoleit meinte, dass die von unseren Gegnern verlangte Kinderentführung im Alter von 2 bis 6 Jahren zum Zwecke der Entdeutschung nichts anderes bedeute als die jetzige Kinderlandverschickung in Deutschland. Er habe aus zuverlässiger Quelle erfahren, dass es der ausdrückliche Wunsch des Führers sei, dass diese Kinderlandverschickung auch nach dem Kriege bestehen bleibe. Die Kinder aus katholischen Gegenden würden meist in Heimen evangelischer Gegenden untergebracht. Wie er vom katholischen Pfarrer, der die Kinderbetreuung unter sich habe, soeben beim Konvent gehört habe, nähmen am ersten Gottesdienst noch ungefähr 60 % der landverschickten Kinder teil, am zweiten nur noch 30 %, schließlich würde beim dritten Gottesdienst dem Pfarrer vom Lagerleiter eröffnet, dass die Kinder kein Bedürfnis mehr am Gottesdienst hätten. Simoleit gebrauchte im Anschluss an diese Ausführungen das Wort: Das ist das neue Heidentum.

Außerordentlich aufschlußreich für die wahre Einstellung des Angeklagten Simoleit, insbesondere aber auch für die von ihm angewandten Methoden in der Beeinflussung der jungen Soldaten, ist die Art der Verwendung des sogenannten Burckhardt-Breviers. Das Burckhardt-Brevier enthält Auszüge aus den Schriften des Schweizer Philosophen und Kulturhistorikers Jakob Burckhardt, eines Anhängers des Universalismus, der um die Mitte des vorigen Jahrhunderts, insbesondere in Basel wirkte. Dies Buch ist im Jahre 1942 im Buchhandel erschienen, die Lektüre dieses Buches kann also grundsätzlich nicht beanstandet werden. Bezeichnend für den Angeklagten ist indessen, in welch einseitiger, tendenziöser Weise er den Inhalt des Buches an den Soldatenabenden vorgetragen hat. Er hat es bewußt unterlassen, hohe und edle Gedanken aus dem Buche, wie etwa: »Immer der Erste zu sein und den Andern vorzuleuchten« vorzutragen und zum Gegenstand der Erörterung zu machen. Er hat vielmehr in voller Absicht nur die Stellen wiedergegeben, die als rein negativ, ja sogar als destruktiv zu bezeichnen sind. So erschien ihm z.B. zum Vortrag geeignet die Stelle S.179:« Auf Erden ist das Unsterbliche die Gemeinheit« oder eine andere Stelle S.23: »Eine Familie will ich dieser infamen Zeit nicht in die Krallen liefern; es soll kein Proletarier meine Kinder Moses lehren wollen.«

3.) Im Oktober 1942 suchte der französische Staatsangehörige Pierre Maillard den Angeklagten <u>Lorenz</u> auf, um religiöse Fragen mit ihm zu besprechen. Maillard, im Zivilberuf Journalist, war zunächst als Kriegsgefangener in Deutschland untergebracht und sodann seit Juli 1942 als Verbindungsmann der Deutschen Arbeitsfront zu den in Pommern, Mecklenburg und Danzig/Westpreußen beschäftigten Zivilarbeitern eingesetzt. Seine Aufgabe bestand darin, diese Arbeiter zu betreuen und ihnen den Arbeitswillen für Deutschland zu stärken. Das wußte Lorenz. Maillard hatte ihm auch gesagt, dass er ganz auf der Seite des Marschalls Petain stehe und dass er fest an den Aufbau eines neuen Europas unter der Führung Adolf Hitlers glaube. Er verehre den Führer sehr und sehe in ihm den Mann, mit dem Europa stehe und falle. Er selbst sei Faschist und werde alles für den Sieg Deutschlands tun. Dem Angeklagten war weiter bekannt, dass Maillard sich für eine Zusammenarbeit zwischen Deutschland und Frankreich einsetzte.

Lorenz, der den großen Einfluß des Maillard auf die französischen Arbeiter seines Bezirks erkannte, scheute sich nicht, Maillard in deutschfeindlichem Sinne zu beeinflussen. Indem er jedes nationale Selbstbewußtsein vermissen liess, ging er dazu über, die nationalsozialistische Staatsführung in jeder Form zu schmähen. Während der Franzose erklärt hatte, dass er den Führer verehre, führte der Angeklagte als deutscher Geistlicher aus, dass ihm die Person des Führers nicht sympathisch sei. Von dem Minister Dr. Goebbels sagte der Angeklagte, dass dieser aus schwarz weiß machen könne. Maillard hatte schon nach den ersten Besprechungen mit Lorenz die Überzeugung erlangt, dass sich Lorenz in diesen entscheidenden Zeiten und in dem schicksalsschweren Kampf Deutschlands völlig negativ verhielt. Der Angeklagte Lorenz ging indessen in seinen Gesprächen mit Maillard noch weiter, nachdem er zunächst erklärt hatte, dass Deutschland den Krieg nicht gewinnen könne, verstieg er sich in seinem Haß gegen das nationalsozialistische Reich zu der Behauptung, es sei auch nicht gut, dass Deutschland den Krieg gewinne; denn im Falle des deutschen Sieges werde das deutsche Volk zum Opfer des Heidentums. Kennzeichnend für die Mentalität des Angeklagten ist auch der Inhalt eines andern Gesprächs mit Maillard. Als Maillard zum Ausdruck brachte, dass es erstrebenswert sei, wenn zwischen Deutschland und Frankreich Frieden herrsche und dass dies nur durch eine Zusammenarbeit der beiden Völker möglich sei, erwiderte Lorenz, dass eine solche Zusammenarbeit mit dem Nationalsozialismus nicht möglich sei.

IV.

Dieser Sachverhalt beruht auf den eigenen Angaben der Angeklagten, den schriftlichen Berichten und der mündlichen Aussage des Zeugen Hagen, den Bekundungen der weiteren zahlreichen Zeugen wie insbesondere Unteroffizier Helmut Mayer, Obergefreiter Wilhelm Mandrella, und des Franzosen Pierre Maillard, sowie auf dem gemäß § 60 KStVO. verwerteten Ergebnisse des Ermittlungsverfahrens.

Hinsichtlich des Abhörens des ausländischen Senders sind die Angeklagten in vollem Umfange geständig. Im übrigen bringt der Angeklagte Simoleit über seine Einstellung zum nationalsozialistischen Staate und über den Inhalt seiner Gespräche an den Soldatenabenden folgendes vor: Er habe schon früher in seiner Eigenschaft als Standortpfarrer in zahlreichen Fällen Umgang mit Offizieren und Mannschaften gehabt; er habe dabei öffentlich und auch privat in vielen Unterhaltungen seine positive Stellung zu Volk und Reich dargelegt: er habe auch durch viele Taten der Hilfe seine Einsatzbereitschaft den Soldaten und damit dem kämpfenden Volke gegenüber bewiesen. Er gebe zu, dass er in seinen Gesprächen mit den Soldaten zu den Tagesereignissen kritisch Stellung genommen habe. Er bestreitet indessen, die oben festgestellten, insbesondere gegen den nationalsozialistischen Staat und gegen die Kriegführung gerichteten defaitistischen Äußerungen getan zu haben. Er bringt in dieser Hinsicht vor, dass er durch den Zeugen Hagen, den Beauftragten der Geheimen Staatspolizei, zu Unrecht belastet werde, denn dessen Berichte über den Inhalt der an den Soldatenabenden gepflogenen Unterhaltungen entsprächen nicht den Tatsachen. Zur Erschütterung der Glaubwürdigkeit des Zeugen Hagen führt Simoleit aus, dass die Angaben dieses Zeugen auch widerspruchsvoll gewesen seien. So habe Hagen in dem Ermittlungsverfahren Mandrella bei seiner Vernehmung durch den Untersuchungsführer das Reichskriegsgerichts am 12.4.1943 beschworen, dass eine besonders gehässige Äußerung von Seiten Madrellas gefallen sei, während er jetzt erkläre, dass diese Äußerung er, Simoleit, getan habe.

Der Angeklagte Lorenz hat einen Teil der ihm zur Last gelegten Äußerungen nicht in Abrede gestellt, so die abfälligen Worte über den Minister Dr. Goebbels, die Schmähungen des Generalobersten Dietl, die Stellungnahme au der Beschlagnahme der Klöster und die aus dem Feindsender stammende Mitteilung über die Lage der deutschen Truppen vor Stalingrad. Im übrigen bestreitet auch er, die ihm zur Last gelegten Äußerungen sowohl im Kreise der Soldaten wie auch dem französischen Staatsangehörigen Maillard gegenüber getan zu haben; er meint, er müsse insoweit von seinen Gesprächspartnern, insbesondere Hagen und Maillard, mißverstanden worden sein.

Die Schutzbehauptungen der Angeklagten sind unwahr, ihr Vorbringen kann nur als leere Ausrede bezeichnet werden. Auf Grund der umfangreichen Beweisaufnahme ist der Senat zu der Überzeugung gelangt, dass die von dem Zeugen Hagen über den Inhalt der einzelnen an den Soldatenabenden geführten Gespräche angefertigten Niederschriften der Wahrheit entsprechen. Nachdem Hagen, ein Angehöriger der Geheimen Staatspolizei, von seiner Dienststelle mit der Überwachung der Angeklagten und ihres Kreises beauftragt worden war, wurde er von seinem Vorgesetzten auf die Bedeutung seiner Aufgabe hingewiesen und insbesondere darüber belehrt, nur wahrheitsgemäße Berichte zu erstatten. Nach dem Ergebnis der Beweisaufnahme hat der Zeuge Hagen seinen Auftrag ordnungsgemäß durchgeführt. Seine schriftlichen Aufzeichnungen, aber auch seine mündlichen Angaben in der Hauptverhandlung finden ihre Bestätigung in den Bekundungen der Zeugen und gerade der Zeugen, die erst auf Antrag der Angeklagten durch Anordnung das Senats vernommen worden sind. Diese Zeugen haben nicht nur einen wesentlichen Teil der oben festgestellten staatsfeindlichen Äußerungen der Angeklagten bekundet; sie haben auch ihren Eindruck von dem Gehörten dem Senat übermittelt. So sagte der Unteroffizier Mayer: Die Einstellung des Simoleit war negativ. Die Abende waren nicht geeignet, die Soldaten in ihrem Kampfwillen und ihrem Glauben an den Sieg zu stärken. Der Unteroffizier Nairz gibt sein Urteil dahin ab, dass die Äußerungen an den Abenden seinen Anstoß erregt hätten und dass sie nach seiner Auffassung zu weit gegangen seien.

Darüber hinaus hat insbesondere der Zeuge Obergefreiter Wilhelm Mandrella, der Bruder des zum Tode verurteilten Rudolf Mandrella, unter Hinweis auf die Berichte des Hagen erklärt, dass ihm bei seiner Vernehmung diese Berichte zum Teil vorgehalten worden seien; er könne nur sagen, dass in diesen Berichten der Inhalt der an jenen Abenden geführten Gespräche richtig wiedergegeben sei.

Demgegenüber verschlägt es nichts, wenn der Zeuge Hagen bei seiner Vernehmung vor dem Untersuchungsführer des Reichskriegsgerichts vom 12.4.1943 eidlich bekundet hat, dass eine bestimmte abfällige Äußerung von Mandrella getan sei, während er jetzt die Ansicht vertritt, dass Simoleit die Wendung gebraucht hat. In dieser Hinsicht ist auf Grund der Beweisaufnahme folgendes festgestellt: Der Zeuge Hagen hatte bei der infrage kommenden Vernehmung auf dem Reichskriegsgericht in Berlin seine schriftlichen Unterlagen nicht zur Hand. Schon bald nach Verlassen des Reichskriegsgerichts bekam er Bedenken, ob er in der umfangreichen

Vernehmung diese eine Frage richtig beantwortet habe. Alsbald nach seiner Rückkehr zu der Dienststelle in Stettin sah er seine der zeitigen schriftlichen Berichte ein und stellte dabei fest, dass danach die fragliche Äußerung nicht von Mandrella, sondern von Simoleit stammte. Er machte hiervon sogleich dem Kriminalkommissar Trettin Mitteilung. Auf die Bitte des Hagen hat der Kriminalkommissar Trettin in einem fernmündlichen Gespräch mit dem Untersuchungsführer des Reichskriegsgerichts den Irrtum richtiggestellt.

Es kann keine Rede davon sein, dass dieser Vorgang geeignet sei, dem Zeugen Hagen die Glaubwürdigkeit abzusprechen. Der Senat ist vielmehr mit dem Anklagevertreter der Ansicht, dass dieser Vorgang geradezu ein Beweis für die Gewissenhaftigkeit des Zeugen Hagen, sowie dafür ist, dass er sich auch nicht scheut, einen Irrtum einzugestehen, sofern ihm einmal bei seinen Vernehmungen ein Versehen unterlaufen ist.

Der Senat trägt deshalb keine Bedenken, die mehrfach genannten Niederschriften des Hagen als wahr anzusprechen und sie seiner Entscheidung zu Grunde zu legen. Der Senat befindet sich insoweit in überein.

Dort wird in dem Urteil vom 12.5.1943 ausgeführt, dass der Zeuge Hagen auf den Senat einen durchaus glaubwürdigen Eindruck gemacht habe. Der Zeuge Hagen hat auch auf den erkennenden Senat einen glaubwürdigen Eindruck gemacht. Hagen ist geistig rege; er besitzt eine gute Auffassungsgabe, sodass er imstande ist, das an den Abenden Gehörte unmittelbar darauf in einem schriftlichen Bericht einwandfrei niederzulegen. Bei der Fülle der von Hagen erstatteten Berichte muss indessen mit der Möglichkeit gerechnet werden, dass in dem einen oder anderen Falle, einem kleinen Bruchteil der festgestellten Äußerungen, auf Grund eines Hörfehlers oder einer Personenverwechselung die Berichte des Hagen eine irrtümliche Darstellung enthalten können. Das Gesamtbild der Betätigung der beiden Angeklagten an jenen Soldatenabenden wird indessen dadurch nicht beeinträchtigt.

Ebenso verhält es sich mit den Bekundungen des französischen Staatsangehörigen Pierre Maillard, der in eingehenden Vernehmungen sowohl vom Untersuchungsführer wie auch vom Berichterstatter als beauftragtem Richter des Senats eidlich zu der Sache verhört worden ist. Maillard beherrscht die deutsche Sprache völlig. Selbst wenn ihm im Herbst 1942, zur Zeit der Unterredungen mit Lorenz die Vollkommenheit in der Sprachbeherrschung noch nicht in dem Maße zu eigen war wie heute, so hat er doch mit seinem Gesprächspartner Lorenz eine fließende Unterhaltung geführt und dessen Ausführungen verstanden und in sich aufgenommen. An der Wahrheitsliebe und Ehrlichkeit dieses Mannes zu zweifeln, besteht gar kein Anlaß.

V.

Bei dem oben festgestellten Sachverhalt sind zunächst beide Angeklagte des Rundfunkverbrechens schuldig; sie haben absichtlich ausländische Sender abgehört. Beiden Angeklagten waren die Methoden des Gegners, das deutsche Volk propagandistisch zu beeinflussen, bekannt, insbesondere auch die Tatsache, dass die Nachrichten des feindlichen Rundfunks dazu bestimmt sind, dem deutschen Volke Schaden zuzufügen. Die Angeklagten sind daher schuldig im Sinne des § 1 der Verordnung über außerordentliche Rundfunkmaßnahmen von 1. September 1939. Der Angeklagte Lorenz ist daneben auch nach § 2 der genannten Verordnung schuldig, da er eine Nachricht des Feindsenders, die geeignet war, die Widerstandskraft des deutschen Volkes zu gefährden, vorsätzlich verbreitet hat. Das verbrecherische Treiben der beiden Angeklagten stellt sich weiter als Zersetzung der Wehrkraft im Sinne des § 5 Abs.1 Ziff.1 KSSVO. dar. Die Ausführungen der beiden Angeklagten an den Soldatenabenden waren geeignet, die Siegeszuversicht des deutschen Volkes zu beeinträchtigen und im Volke Zweifel aufkommen zu lassen, ob ein Sieg Deutschlands möglich oder wünschenswert erscheine. Diese Ausführungen waren auch dazu angetan, die Einsatzbereitschaft des deutschen Volkes ungünstig zu beeinflussen und den Willen zum weiteren Durchhalten zu lähmen. Darüber hinaus waren ihre Äusserungen geeignet, das Vertrauen in die oberste Führung zu erschüttern. Beide Angeklagten waren sich dieser zersetzenden Wirkung ihrer Äusserungen bewusst. Sie waren sich weiter bewusst, dass sie öffentlich handeln. Sie mussten damit rechnen, dass ihre Äußerungen in die Öffentlichkeit dringen würden. Der Kreis, in dem ihre Äußerungen gefallen sind, war kein geschlossener. Zum mindesten war keine ausreichende Gewähr dafür gegeben, dass die Teilnehmer an den Abenden das von den Angeklagten Vorgetragene nicht an Außenstehende weitererzählten. Das haben die Angeklagten erkannt. Die Fortsetzung ihres Treibens während mehrerer Monate, aber auch die Hartnäckigkeit, mit der sie immer wieder ihre staatsfeindlichen Ansichten vortrugen, sind ein Beweis dafür, dass sie nicht etwa aus gelegentlicher Verärgerung gehandelt haben, sondern aus einer grundsätzlichen Ablehnung des Nationalsozialismus. Sie handelten aus ihrer inneren Überzeugung heraus und fanden ihre Befriedigung darin, in dem Kreise der Soldaten, in dem sie aufmerksame und aufnahmebereite Zuhörer erkannten, die Saat ihrer zersetzenden Willensmeinung zu säen. Demgegenüber besagt es nichts, dass beide Angeklagte an anderer Stelle ein einwandfreies Verhalten an den Tag gelegt haben. Beide Angeklagte, ausserordentlich erfahrene und gewandte Männer, sind zu vorsichtig, um sich vor Personen, deren politische Einstellung ihnen unbekannt ist, eine Blöße zu geben. Die Angeklagten haben somit öffentlich den Willen des deutschen Volkes zur wahrhaften Selbstbehauptung zu lähmen und zu zersetzen gesucht und sind demgemäß aus § 5 Ziffer 1 KSSVO zu bestrafen.

Der Angeklagte <u>Lorenz</u> ist weiter der Feindbegünstigung schuldig. Dem Angeklagten Lorenz war einmal bekannt, dass Maillard der Gauverbindungsmann zwischen der Deutschen Arbeitsfront und den Franzosen und weiter, dass Maillard der Betreuer der Franzosen war. Lorenz wusste auch, dass Maillard sich für eine Zusammenarbeit zwischen Deutschland und Frankreich einsetzte. Maillard ist nach einer dienstlichen Äußerung des

Auswärtigen Amtes vom 14.4.1944 durch sein mutiges Eintreten für den Gedanken der deutsch-französischen Zusammenarbeit und für ein neues Europa seit Jahren bekannt; er fühlt sich dem Führer und der europäischen Sache verpflichtet.

Wenn der Angeklagte bei seinen politischen Gesprächen zu den Ideen des Maillard dahin Stellung nimmt, dass eine Zusammenarbeit zwischen Frankreich und dem Nationalsozialismus nicht möglich sei, dass es auch nicht gut sei, wenn Deutschland den Krieg gewinne, so enthält eine solche den tiefen Haß des Lorenz gegen das nationasozialistische Deutschland offenbarende Äußerung nicht nur eine schwere Verunglimpfung des Reiches, eine solche Handlungsweise ist auch Landesverrat. Wäre es dem Angeklagten Lorenz gelungen, den französischen Staatsangehörigen Maillard, einen der führenden Männer in der deutsch-französischen Zusammenarbeit im staatsabträglichen Sinne zu beeinflussen und in seiner Haltung zur deutschen Staatsführung schwankend zu machen, so wäre dadurch ein unermeßlicher Schaden für das Reich entstanden, denn der Einfluß des Maillard auf tausende von Franzosen, die in Deutschland im Arbeitseinsatz standen, war groß. Darüber war sich der Angeklagte im klaren. Der Angeklagte hat es deshalb durch die mit Maillard geführten Gespräche bewusst unternommen, der Kriegsmacht des Reiches einen Nachteil zuzufügen und damit zugleich die Feindmacht günstiger zu stellen. Der Angeklagte Lorenz ist daher auch aus der Bestimmung des § 91 b RStGB. zu bestrafen.

Die mehrfachen verbrecherischen Betätigungen der beiden Angeklagten stellen jeweils in sich eine fortgesetzte Handlung dar; sie sind von einem einheitlichen Vorsatz beherrscht und sind Ausführungshandlungen des gleichen Willentschlusses; sie stehen in einem zeitlichen Zusammenhange und sind in ihrer Begehungsweise gleichartig; sie richten sich auch gegen das gleiche Rechtsgut, nämlich die Sicherheit des Reiches.

Die einzelnen strafbaren Handlungen der Angeklagten stehen in Tateinheit zueinander; denn die Verwirklichung der verschiedenen TTatbestände ist durch die gleiche fortgesetzte Handlung erfüllt; auch das Abhören des ausländischen Senders stellt im Rahmen der Gesamtbetätigung der Angeklagten keine selbständige Handlung dar; es bildet vielmehr einen Teilakt eines einheitlichen Willensentschlusses; das durch den ausländischen Sender Abgehörte bildete die Grundlage für ihre weitere verbrecherische Tätigkeit. Somit stellt sich das strafbare Tun der Angeklagten im Sinne einer natürlichen Betrachtung als Handlungseinheit dar.

VI.

Zu der Strafzumessung ist folgendes auszuführen:

Nach § 73 RStGB, ist die Strafe dem Strafgesetz zu entnehmen, das die schwerste Strafe androht. Das ist im vorliegenden Fall die Bestimmung des § 5 Abs.1 KSSVO. Diese Vorschrift droht grundsätzlich die Todesstrafe an. Nur in minder schweren Fällen kann nach Abs.2 auf Freiheitsstrafe erkannt werden.

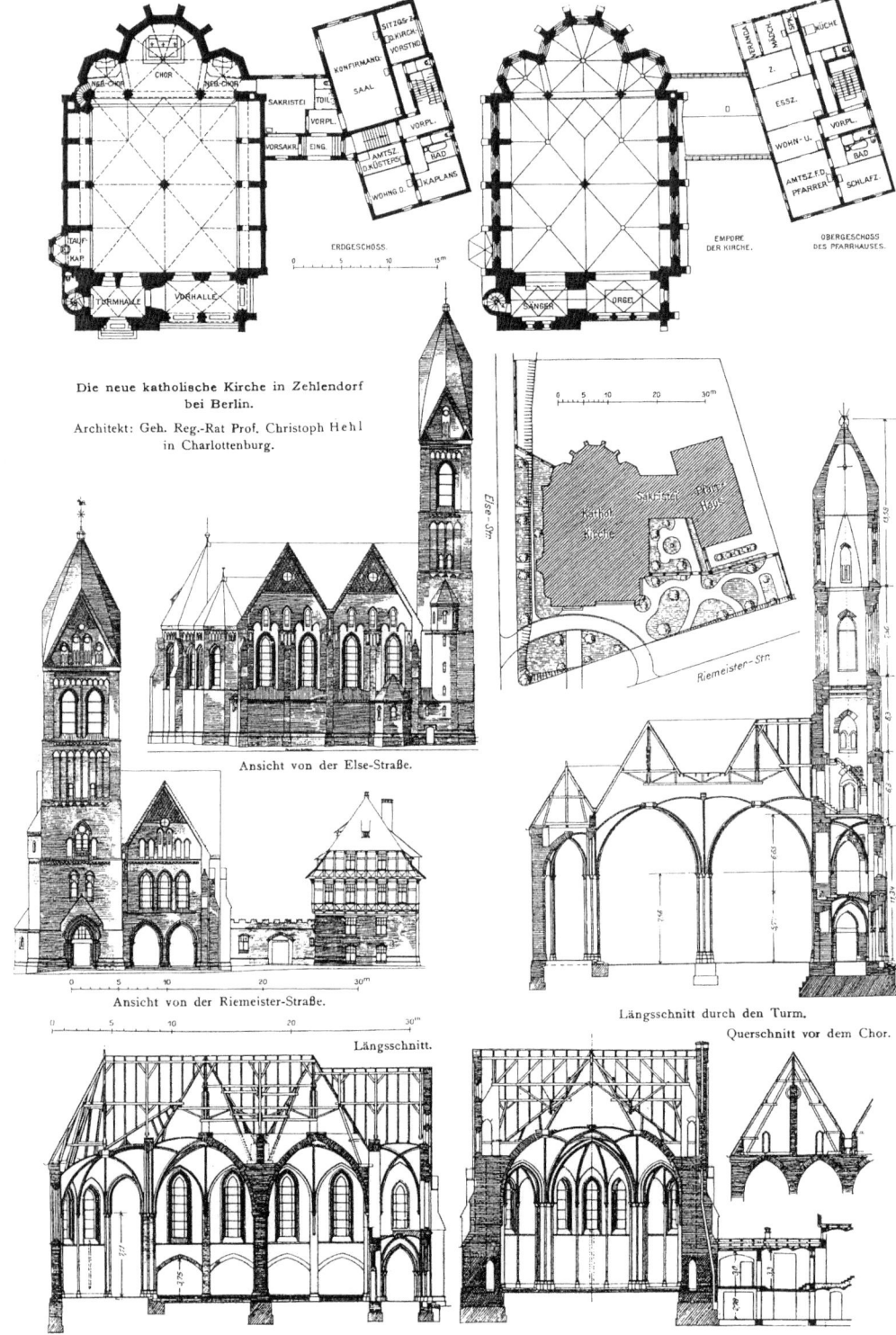

Die neue katholische Kirche in Zehlendorf
bei Berlin.

Architekt: Geh. Reg.-Rat Prof. Christoph Hehl
in Charlottenburg.

Ansicht von der Else-Straße.

Ansicht von der Riemeister-Straße.

Längsschnitt.

Längsschnitt durch den Turm.

Querschnitt vor dem Chor.

^ *Abb. 21: Ausschnitt aus dem Bauplan der Herz-Jesu Kirche*

DIE HERZ-JESU KIRCHE

BAUBESCHREIBUNG UND KIRCHENRUNDGANG

VON MARTIN SURMA

*P*rof. Christoph Hehl baute nicht nur in Berlin viele Kirchen. Als Architekt und Professor für mittelalterliche Baukunst an der Technischen Hochschule zu Charlottenburg schuf er zusammen mit dem Pfarrer der Rosenkranzbasilika in Steglitz, Josef Deitmer, im Südwesten Berlins vier Kirchen: die Rosenkranzbasilika, die Kirche zur Heiligen Familie in Lichterfelde, die St. Marien-Kirche in Friedenau und die Herz-Jesu Kirche.

Gebaut im neogotischen Stil zeigt sich die Kirche als zweischiffige Wandpfeiler-Halle mit Mittelsäule. Daran angesetzt ein großer und zwei kleinere Chorräume, die von aussen gut als eigene Baukörper zu erkennen sind. Es ist also von der Art einer Basilika auszugehen. Der quadratische Grundriß des Hauptschiffes wird durch den Mittelpfeiler zentralisierend in vier gleiche Teile geteilt. Dadurch ergibt sich sowohl in Längs- als auch in Querrichtung ein zweischiffiger Raum. Bereits in der Festschrift wurde die Kirche allerdings auch als Zentralbau bezeichnet: "Wir haben einen Zentralbau vor uns, das Hauptschiff ist fast so breit als lang"[1]. Basilika also oder Zentralanlage, wic auch immer die Diskussion ausgehen mag, die Grundrißlösung unserer Kirche stellt unter allen Kirchen Hehls ein Unikum dar.

In der Deutschen Bauzeitung ist eine weitere Beschreibung zu finden: „Die Kirche ist in den Formen frühgotischer Backstein-Architektur erbaut. Ihre Grundrißanlage hat eine höchst interessante, vom Herkommen abweichende Gestaltung erfahren. Das Gotteshaus wurde als zweischiffige gewölbte Hallenkirche mit Vorhalle und Turmhalle, mit Taufkapellen-Ausbau sowie einem Hauptchor und zwei Nebenchören angelegt. Die beiden Schiffe werden durch eine schlanke Mittelstütze getrennt, die Strebepfeiler sind in das innere gezogen, um bei den knappen Breiten-Verhältnissen des Baugeländes soviel Raum wie möglich für das Innere nutzbar zu machen. Es verdient besonders hervorgehoben zu werden, daß die Mittelstütze der vier Gewölbe die Blicke auf den Hauptaltar und die Nebenal-

1 Festschrift zur Konsekration der Herz-Jesu Kirche zu Zehlendorf, Berlin, 1908, S. VII

täre in keiner Weise beeinträchtigt, und daß die räumliche Wirkung des Inneren eine freie und weite wurde, erfüllt von würdigster kirchlicher Stimmung"[2].

Im Unterschied zu Hehls „städtischen" Kirchen –Rosenkranzbasilika oder Herz-Jesu Berlin-Prenzlauer Berg – war eine Ausmalung der Kirche nicht vorgesehen. Alle Architekturglieder sind ziegelsteinsichtig ausgeführt, die Wandflächen, Bögen und Kuppeln verputzt und fast weiß getüncht.

Die Steine sind Handstrichsteine im märkischen Klosterformat, geliefert von Mattheo & Söhne in Rathenow. Die Formziegel wurden vor dem Brand im noch feuchten Ton geschnitten und erhielten so ihre Ausformungen: Blüten, Blätter, gezogene Säulenteile, Simse und vieles andere mehr. Sie stellen die vielfältigen Verzierungen der gemauerten Gebäudeteile dar.

Schon von weitem gut sichtbar ist der 46 Meter hohe Portalturm der Kirche. Er erhebt sich über dem Haupteingang der Kirche. Stufen aus Kyffhäusersandstein führen zu diesem. Vor der Kirche stehend sieht man auch die offene Vorhalle neben dem Turm. Von ihr führen zwei Türen direkt in den Kirchenraum, eine weitere seitlich in die Turmhalle. Über der offenen Vorhalle ist die Orgelempore.

Rechts und links neben dem Haupteingang liest man in die Steine eingeritzt und vergoldet zur Erklärung: TABERNACULUM ALTISSIMI (Zelt des Höchsten) und DOMUS DEI ET PORTA COELI (Haus des Herrn und Pforte des Himmels). Über der Tür ist ein geschnitzter Querbalken aus Holz angebracht, der das Abendmahl darstellt. Ein Hinweis auf die Eucharistie, das Herrenmahl, das

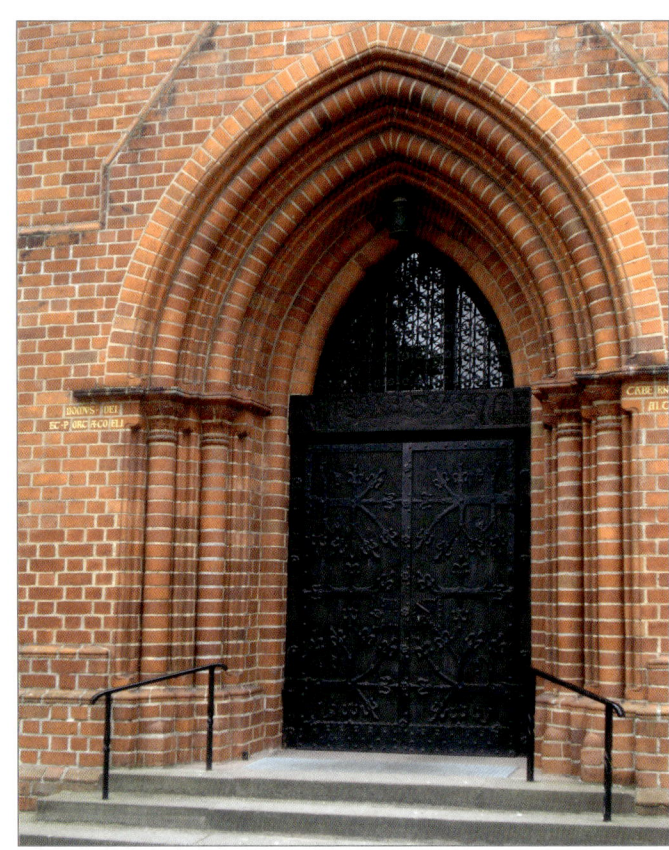

^ *Abb. 22: Portal der Herz-Jesu Kirche*

in diesem Haus als zentrales Geschehen stattfindet. Links neben diesem sieht man ein Bild unserer Kirche, recht das Aedeficum est 1908. Tritt man durch die

---

2 Deutsche Bauzeitung (XLIII. Jahrgang, Nr. 28, Berlin, d. 7. April 1909)

Tür, so steht man in der Turmhalle. Von dieser geht, durch eine eiserne Gittertür abgetrennt, links der Aufgang zur Orgelempore und zu den Glocken ab. Rechts war über viele Jahre die Tafel für Bekanntmachungen angebracht. Im Zuge der Renovierung des Gotteshauses für das 100. Jubiläum wurde diese Tafel entfernt und der dahinter liegende zweite Zugang zur Turmhalle von der offenen Vorhalle wieder geöffnet. Damit ist die Kirche auch außerhalb der Gottesdienste über die Rollstuhlrampe zu betreten.

Gehen wir durch die Pendeltür, so stehen wir im Hauptschiff der Kirche. Auf den ersten Blick fällt der schlanke Mittelpfeiler auf. Wie vorstehend beschrieben, teilt er das Hauptschiff in vier gleiche Teile. In einiger Höhe erkennt man am Mittelpfeiler angebracht vier Figuren. Sie stammen vom Berliner Bildhauer Prof. Josef Limburg und stellen die Gottesmutter Maria, auch bekannt als Zehlendorfer Madonna, den Hl. Josef und zwei musizierende Engel dar. Prof. Limburg schreibt über das Zustandekommen dieses wichtigen Auftrages selbst: „Eine der wertvollsten Nachwirkungen meiner ausgestellten Büste Papst Pius X. war die Bekanntschaft des hervorragenden Kirchenbaumeisters Geheimrat Prof. Christoph Hehl. Anfang März 1906 kam er in meine Werkstatt. Ein prächtiger lebhafter älterer Herr von großer Korpulenz, der mir in temperamentvoller Weise seine Wünsche auseinandersetzte. Er nahm ein Blatt Papier vom Tisch und skizzierte die Mariensäule seiner im Bau begriffenen Herz-Jesu Kirche in Zehlendorf, für die ich die Madonna, umgeben von drei musizierenden Engeln, schaffen sollte.

Nehmen Sie Wachs und Modellierhölzer mit und machen Sie bei mir die Skizzen an dem Säulenmodell in der Größe 1:20. Das Atelier war in der Technischen Hochschule in Charlottenburg. In ungefähr drei Stunden hatte ich die Skizzen fertig und konnte den Auftrag für die vier Bronzestatuen, von denen jede 2,20 m hoch werden

^ *Abb. 23: Mittelsäule mit Maria und Engel*

sollte, beglückt mit nach Hause nehmen. Drei Engel sollten der Mutter Maria mit dem Jesuskinde musizierend huldigen. Ein schöner Gedanke, der durch die Begeisterung des Kirchenbaumeisters auf mich übertragen, mit Leib und Seele mein eigen wurde"[3]. Maria umgeben von drei Engeln, so war es geplant. Aber es kam doch etwas anders. Geschaffen wurden Maria, Josef und zwei Engel. Die Zehlendorfer Madonna stellt dabei eine Besonderheit dar. In der damaligen Zeit nach dem Kulturkampf wurden die meisten Marienstatuen mit dem Antlitz der Kaiserin Charlotte gefertigt. Prof. Limburg entschied sich ausdrücklich dagegen und schuf eine vollkommen andere, eigene Figur, die verkleinert und mehrfach kopiert, zur damaligen Zeit für viele Katholiken ein stummer Protest nach dem Kulturkampf war. In kunsthistorischen Werken ist sie als Zehlendorfer Madonna erwähnt. Eine Kopie mit den Köpfen von Maria und dem Jesuskind befindet sich unter dem Titel Mutter und Kind in einer Glasvitrine im Berlin-Museum.

Unten an dem Mittelpfeiler sehen wir in Stein gemeißelt und vergoldet den Schriftzug „HIC POSITUS EST LAP(sis) PRIM(us) 9 + V +1907" (Hier wurde der erste Stein – Grundstein – gelegt.) Im Grundstein eingelassen ist eine Urkunde mit dem Text „Im Jahr des Heils 1907, am Festtag der Himmelfahrt Christi und dem 9. Mai, als Pius X. Papst war, Wilhelm II. König von Preußen und deutscher Kaiser, Dr. Köster Bürgermeister unserer Stadt, Karl Kleineidam Bischöflicher Delegat des Erzbischofs von Breslau, wurde dieser Stein in das Fundament der Kirche, die dem Allerheiligsten Herzen Jesu geweiht ist, gelegt." Zusammen mit Ausgaben der „Germania", der „Märkischen Volkszeitung" und des „Zehlendorfer Anzeigers" vom 8. Mai 1907, damals gebräuchlichen Münzen und anderen Dokumenten ruht die Urkunde eingemauert in einer Kapsel.

^ *Abb. 24: Taufkapelle*

Der Rundgang durch die Kirche beginnt links an der Taufkapelle. Zentral in der Mitte steht der gemauerte Taufstein mit einer Granitschale. Als Abdeckung dient eine in gotischer Form gehaltene, kupferne Haube mit der Figur des Hl. Johannes des Täufers. In dieser Kapelle steht auch die Osterkerze außerhalb der Osterzeit. An ihrem Licht wird die Taufkerze entzündet und symbolisiert das neue Leben, das der auferstandene Herr dem Getauften schenkt. In einer kleinen Seitennische links ist der Bottich für das Weihwasser aufgestellt. Hierin wird in der Osternacht auch das Taufwasser geweiht und dann von vielen Gläubigen mit nach Hause genommen.

---

3 aus dem autobiografisch gehaltenen Werksverzeichnis des Bildhauers Prof. Josef Limburg

In der nächsten Seitennische sieht man einen der beiden Beichtstühle.

Geht man daran vorbei fällt in der nächsten Nische eine Eichenbank mit reichen Schnitzereien auf. Diese wie ein Chorgestühl wirkende Bank ist ein Geschenk aus dem Familienbesitz der Bankiersfamilie Rothschild. Sie wird in den Gottesdiensten rege benutzt.

Die nächste Nische ist etwas verkürzt, weil hier an der Säule die Kanzel angebaut ist. Die gemauerte und mit Formziegeln verzierte Kanzel wird geschmückt durch drei Bronzereliefs, die vom Architekten C. Kühn stammen, einem Schüler von Prof. Hehl. Sie zeigen die Verkündigung der Frohen Botschaft. Das linke Relief zeigt Paulus und Silas mit einem knienden Wächter im Gefängnis in Philippi. In der Apostelgeschichte wird berichtet , daß der Apostel Paulus und der Hl. Silas in den Block geschlossen und mißhandelt in Philippi im Gefängnis lagen . Um Mitternacht sangen sie Loblieder, als ein Erdbeben als Sinnbild ihrer Glaubenskraft die Türen öffnete und die Fesseln löste.

Der Wächter will sich töten, weil er meint, die Gefangenen seine geflohen.

Doch Paulus ruft: „Tu dir nichts an! Wir sind alle noch da."[4] Der Wächter fällt zu Paulus Füßen auf die Knie, kommt zum Glauben und läßt sich taufen.

^ Abb. 25: Weihwasserbottich

^ Abb. 26: Bank in Seitennische

Das mittlere Relief zeigt die Übertragung des Petrusamtes. Jesus sagt zu Simon: „Du bist Petrus der Fels und auf diesen Felsen werde ich meine Kirche bauen. Und die Mächte der Unterwelt werden sie nicht überwältigen." Petrus kniet vor Jesus und hat die Schlüssel den Himmels in der Hand.

Im dritten Relief sehen wir die Szene dargestellt, in der Jesus zu den Jüngern sagt: „Lasset die Kinder zu mir kommen und wehret ihnen nicht", während die Jünger sie wegschicken wollen. Man kann erkennen, daß das Mädchen rechts unten Jesu Gestik und Haltung annimmt, als es zur jüngeren Schwester spricht.

Gleich neben der Kanzel sieht man die Marienkapelle mit dem Marienaltar und darunter einem Hl. Grab. Die Fenster dieser Kapelle stellen in Medallions Szenen aus dem Leben der Gottesmutter dar. Sie beginnen unten im rechten Fenster mit der Verkündigung durch den Erzengel Gabriel, der zu Maria gesandt

4 Apg. 16

^ *Abb. 27: Kanzelrelief links*

^ *Abb. 28: Kanzelrelief mitte*

^ *Abb. 29: Kanzelrelief rechts*

5 Lukasevangelium 1, 31
6 ebd. 2,29

wurde: „Du wirst einen Sohn gebären, dem sollst Du den Namen Jesus geben."[5] Es folgt die Darstellung der Geburt Jesu, dann seine Darstellung im Tempel, wo der greise Simeon seinen Lobgesang anstimmt: „Nun läßt du Herr deinen Knecht, wie du gesagt hast, in Frieden scheiden, denn meine Augen haben das Heil gesehen, das du vor allen Völkern bereitet hast. Ein Licht zur Erleuchtung der Heiden und Herrlichkeit für dein Volk Israel."[6]

Im linken Fenster sieht man unten die Hochzeit zu Kana. Jesus verwandelt Wasser in Wein. Er tut sein erstes Zeichen. Und Maria sagt zu den Dienern: „Was er Euch sagt, das tut!" Das ist auch eine Aufforderung an uns.

Darüber ist das scheinbare Ende dargestellt, die Grablegung Jesu. Doch nach dem Tod am Kreuz folgt am Ostersonntag die Auferstehung. Der Tod ist besiegt und das Leben neu geschaffen. Im obersten Medaillon sieht man das Pfingstereignis. Zungen wie von Feuer kommen auf Maria und die Jünger herab.

Der Altaraufsatz des Marienaltars zeigt die Krönung Mariens. Die Gottesmutter sitzt auf dem Thron neben ihrem Sohn Jesus, der ihr die Krone aufsetzt. Dieser Altaraufsatz, wie der Hochaltar von Ferdinand Langenberg aus Goch angefertigt, war viele Jahre in einer Seitennische auf der anderen Seite der Kirche an der Wand angebracht. Er wurde im Zuge der Renovierung der Kirche im Jahr 2005 wieder auf den Marienaltar gesetzt. Die Marienstatue, die hier ihren Platz hatte befindet sich jetzt in der genannten Seitennische.

Unter dem Marienaltar ist ein Heiliges Grab angelegt. Hinter den gotischen Spitzbogenfenstern liegt eine Figur des im Grab ruhenden Christus. Das Tuch wird am Karfreitag abgenommen und die Gläubigen kommen hierher zum Grab, um zu beten.

Geht man weiter zur Hauptapsis, so sieht man den Hochaltar. Auch er ist ein Werk von Ferdinand Langenberg aus Goch. Es handelt sich um einen Flügelaltar, der innen geschnitzt und aussen bemalt ist.

Der Altar wird in der Adventszeit und zu Marienfesten zugeklappt. Zu den anderen Zeiten ist er weit geöffnet und zeigt die geschnitzten Darstellungen. In der Mitte sehen wir den gekreuzigten Herrn mit Maria und Johannes unter dem Kreuz. Es stellt uns das Mysterium des Messopfers als unblutige Erneuerung des Kreuzesopfers vor. Unter dem Kreuz befindet sich der Tabernakel. Das Allerheiligste ruht verborgen im Herzen des Altars. Links und rechts von der Mitte sehen wir vier Szenen. Links oben die Verspottung Jesu durch die Soldaten des Pilatus. Jesus trägt das purpurne Gewand und die Dornenkrone. Darunter sehen wir Jesus der das Kreuz trägt. Der Herr trägt unsere Schuld und wird wegen unserer Missetaten durchbohrt. Rechts unten wird Jesus ins Grab gelegt. Darüber ist die Auferstehung zu erkennen. Christus ersteht von den Toten mit solcher Macht, das die Soldaten fallen und zurückweichen. Der Tod hat keine Macht mehr über ihn. Hier ist also das Leiden, der Kreuzestod und die Auferstehung unseres Herrn an zentraler Stelle dargestellt.

Auf den Seitenflügeln sehen wir die zwölf Apostel mit ihren Erkennungszeichen dargestellt.

^ *Abb. 30: Medallion im Fenster Marienkapelle*

^ *Abb. 31: Marienaltar*

Linker Flügel	Rechter Flügel
Philippus (Kreuzstab)	Thomas (Lanze)
Petrus (Schlüssel)	Paulus (Schwert)
Andreas (Schrägkreuz)	Judas Thaddäus (Stein in der Hand)
Jakobus d. Ältere (Muschel)	Simon (Säge)
Johannes (Kelch)	Bartholomäus (Buch)
Jakobus d. Jüngere (Keule)	Matthäus (Axt)

^ *Abb. 32: Hauptchor mit Hochaltar*

Diese zwölf Zeugen des Todes und der Auferstehung Jesu Christi haben die Kunde in aller Welt verbreitet. Nicht müde werdend traten sie für das Evangelium ein.

Sind die Altarflügel zugeklappt, kann man das Bild von Friedrich Stummel sehen. Es zeigt die Verkündigung Mariens. Der Erzengel Gabriel wird zu einer Jungfrau gesandt, ihr Name ist Maria. Er spricht: „Fürchte Dich nicht Maria, du hast vor Gott Gnade gefunden. Ein Kind wirst Du empfangen, einen Sohn wirst Du gebären." So heißt es im Lukasevangelium. Dargestellt ist der schwebende Engel und die im Gebet kniende Maria. Maria betet vor einer Tafel mit den zehn Geboten und einem aufgeschlagenen Buch, das das Alte Testament darstellt. Maria ist im Gebet vertieft und so für Gott ansprechbar. Wir können nur hören, daß Gott zu uns spricht, wenn wir ein Ohr für ihn haben. Über Maria ist eine Taube zu sehen, die den Heiligen Geist darstellt. Der Engel spricht „Der Heilige Geist wird über dich kommen und die Kraft des Höchsten wird dich überschatten. Darum wird auch das Kind heilig und Sohn Gottes genannt werden".

Neben dem Bild sind zwei geschnitzte Figuren aufgestellt, die einen himmlischen und einen irdischen Gottesstreiter darstellen: Rechts der Hl. Erzengel Michael, der Überwinder des Satans und Beschützer der Kirche. Sein Name be-

^ *Abb. 33: Hochaltar Mittelteil*

deutet „Wer ist wie Gott". Links steht der Hl. Georg. Der römische Soldat zählt zu den 14 Nothelfern und hat in der Legende den Drachen getötet. So ist er hier dargestellt.

Über dem Hochaltar hat die Apsis fünf Fenster. Hier findet man auch einen Bezug zum Namen der Kirche. Das mittlere Fenster stellt Christus dar, der uns sein liebendes Herz zeigt. Im Fenster links neben ihm ist die Gottesmutter zu sehen, die ja zu Christus gehört. Das Fenster rechts davon zeigt die Hl. Elisabeth. 1207 wurde sie geboren und aus Anlaß des 700. Geburtstags dieser großen deutschen Heiligen wurde dieses Fenster gestiftet. Der Korb mit Rosen deutet auf das Wunder hin.

Die beiden äußeren Fenster zeigen rechts den Hl. Karl Borromäus, den Erzbischof von Mailand und links den Hl. Bernhard von Clairvaux, den Begründer des Zisterzienserordens und Kirchenlehrer. Diese beiden Fenster wurden von der Familie Leineweber gestiftet die damit den Wunsch verband, die Namenspatrone ihrer beiden Söhne mögen auf ihnen dargestellt sein.

Die Herz-Jesu Kirche hat ihren Namen nach dem Wunsch einer Stifterin aus Westfalen. Um die Jahrhundertwende zum 20. Jahrhundert nahm die Herz-Jesu Verehrung einen starken Aufschwung und viele Kirchen wurden dem Heiligsten

^ *Abb. 34: Hochaltar mit geschlossenen Flügeln*

Herzen geweiht. Auch im heutigen Berlin gibt es fünf Herz-Jesu Kirchen aus dieser Zeit. Diese gute Frau verband Ihre Spende mit dem Wunsch, die neue Kirche wolle dem Heiligsten Herzen Jesu geweiht sein. Der Kirchenvorstand stimmte gerne zu, konnte er doch eine Spende in Höhe von 50.000 Reichsmark verbuchen. Rechts hängt unterhalb der Fenster die Ampel mit dem Ewigen Licht, das Tag und Nacht unverändert brennt und die Gegenwart des Herrn anzeigt.

Unterhalb der Fenster hängen seit September 1998 wieder vier Wandteppiche, die ebenfalls von Friedrich Stummel bzw. in seiner Werkstatt in Kevelaer gemalt wurden. Sie waren im Rahmen der Umbauten in der Kirche im Jahr 1968 abgenommen und auf dem Dachboden des Pfarrhauses verstaut worden. Dort gerieten sie in Vergessenheit. Nach einer Suche durch Pfarrer Rudolf gelangten sie wieder an die Öffentlichkeit. Sie wurden restauriert, finanziert durch zahlreiche Spenden, und hängen seither dort in der Apsis. In den sogenannten geschlossenen Zeiten, der österlichen Fastenzeit und der Adventszeit werden sie abgenommen. Diese Teppiche sind eine Stiftung des Fürsterzbischofs Georg Kardinal Kopp zur Weihe der Herz-Jesu Kirche. Es handelt sich um eine ölgebundene Temperamalerei auf einem Persinniggewebe aus Leinen. Die beiden äußeren Teppiche tragen eine Widmung von Kardinal Kopp. Auf dem rechten Teppich sehen wir Heilige der Herz-Jesu Verehrung: Margarethe Alacoque, Alphons von Ligurien, Aloisius von Gonzaga und Stanislaus Cosca. Auf dem linken Teppich sehen wir die Hl. Gertraud, den Hl. Wenzel, den Hl. Bernhard und den Hl. Otto.

Die inneren beiden Teppiche werden von den Flügeln des Hochaltars etwas verdeckt. Auf dem rechten Teppich sind der Hl. Franziskus von Assisi, der Hl. Bonaventura, die Hl. Clara von Assisi und die Hl. Juliana von Lüttich dargestellt. Auf dem linken Teppich sieht man den Hl. Thomas von Aquin, die Hl. Mechtild, die Hl. Teresia von Avila und den Hl. Paschalis Baylon.

^ *Abb. 35: Herz-Jesu Fenster in der Apsis*

Im Altarraum vor dem Hochaltar steht der bewegliche Populus- oder Volksaltar. Zur Zeit der Weihe der Herz-Jesu Kirche und bis zum zweiten Vatikanischen Konzil zelebrierte der Priester die Hl. Messe oben am Hochaltar, mit dem Blick zum Kreuz und dem Rücken zur Gemeinde. Seit der Liturgiereform nach dem zweiten Vaticanum wird die Messe mit dem Gesicht zum Gottesvolk gefeiert. Daher wurde ein neuer Zelebrationsaltar notwendig. Er ist allerdings nicht fest mit dem Boden verbunden, sondern beweglich, so daß er zu bestimmten Anlässen, wie z.B. zur Karfreitagsliturgie, zur Seite gestellt werden kann. Dieser Altar wurde zum 100. Kirchweihjubiläum aus Teilen der hölzernen Kommunionbank aus der Kirche Zur Heiligen Familie in Lichterfelde von der Firma Rudolf Eis in Lappersdorf bei Regensburg hergestellt. Vorher stand hier ein schlichter Altartisch aus Holz.

Der Altarraum war bis zum Umbau der Kirche nach der Liturgiereform durch eine gemauerte Kommunionbank auf ganzer Breite vom Hauptschiff der Kirche getrennt. Die Kommunionbank sah ähnlich den gotischen Bogenfenstern im Heiligen Grab unter dem Marienaltar aus, die Bögen waren aus Ziegeln gemauert und mit verzierten Gittern geschlossen. Aus diesen Gittern wurde der Ambo errichtet, der nun vorn links im Altarraum an den Stufen steht. Von diesem Ort der Verkündigung aus werden die Texte von Espisteln und Evangelium verkündigt und es wird gepredigt.

Rechts vom Hauptchor ist als Gegenstück zur Marienkapelle die Josefskapelle zu sehen. Heute steht auf dem Seitenaltar eine Statue von Christus, der uns sein Heiligstes Herz zeigt. Früher was es der Josefsaltar. Der Altaraufsatz ähnelte dem des Marienaltars in Form und Größe. Er zeigte aus Holz geschnitzt den Hl. Josef mit dem heranwachsenden Jesus und, als Mahnung an den ersten Weltkrieg, einen sterbenden Soldaten und eine trauernde Witwe. Hier wurde früher häufig die Hl. Messe gelesen. Durch die aufgestellte Herz-Jesu Figur wird der Altar heute als Herz-Jesu Altar wahrgenommen. Das Podest unter der Figur wurde ebenfalls zum 100. Kirchweihjubiläum von der Firma Rudolf Eis angefertigt. Über dem Altar ist in den Medallions der Fenster noch die alte Josefskapelle zu erkennen. Es sind hier Bilder aus dem Leben des Hl. Josef dargestellt. Beginnend unten im linken Fenster erscheint Josef im Traum ein Engel des Herrn und warnt ihn vor Herodes, der das Kind töten will. Darüber sieht man die Heilige Familie nach Ägypten fliehen. Sie bleiben dort bis zum Tod des Herodes. Darüber ist die Beschneidung des Herrn dargestellt: „Als acht Tage vorüber waren und das Kind beschnitten werden sollte, gab man ihm den Namen Jesus, den der Engel genannt hatte, noch ehe das Kind im Schoß seiner Mutter empfangen wurde."[7] Im rechten Fenster wieder unten beginnend, sitzt der zwölfjährige Jesus im Tempel: „Nach drei Tagen fanden sie ihn, er saß mitten unter den Lehrern, hörte ihnen zu und stellte Fragen. Alle, die ihn hörten, waren erstaunt über sein Verständnis und über seine Antworten"[8]. Darüber sehen wir eine nachempfundene Familienszene, Jesus hilft seinem Vater Josef bei der Arbeit in dessen Werkstatt. Das letzte Medallion zeigt den Tod des Hl. Josef. Er stirbt im Beisein vom Jesus und Maria. Über den Tod Josefs wird in den Evangelien nicht Berichtet. Aber weil über ihn auch nichts anderes berichtet wird, kann unterstellt werden, daß der Hl. Josef früh gestorben ist. Rechts in der Josefskapelle befindet sich die Tür zur Sakristei. Hier hängt

^ *Abb. 36: Herz-Jesu Altar*

---

7 Lukasevangelium 2,21
8 ebd. 2; 46

auch die Glocke mit dem langen Seil, mit der von den Ministranten am Beginn der Gottesdienste und Andachten der Einzug des Priesters angekündigt wird.

Neben der Josefskapelle sieht man die Kopie einer Ikone dessen Original sich in Rom befindet: „Madonna di perpetua succurso" – Madonna der immerwährenden Hilfe. Das Bild ist wunderschön in Ziegel und Formsteine eingefaßt. Im Sockel ist eingemeißelt und vergoldet in lateinischer Sprache das Mariengebet zu lesen: „SUB TUUM PRAESIDIUM..." – „Unter deinen Schutz und Schirm fliehen wir heilige Gottesgebärerin. Verschmähe nicht unser Gebet in unseren Nöten, sondern errette uns jederzeit aus allen Gefahren."

Vor dieser immerwährenden Hilfe werden am Beginn der Abendmessen um 18.00 Uhr zum Geläut der Angelus – der Engel des Herrn, oder in der Osterzeit das Regina coeli gebetet.

^ *Abb. 37: Ikone der immerwährenden Hilfe*

Rechts neben der Ikone schließt sich eine Seitennische an. Hier finden wir eine kleine, vergitterte Wandnische. Diese Nische ist erst neueren Datums und wurde aus restlichen Formziegeln gemauert, die noch auf dem Dachboden der Kirche lagen. In dieser Nische werden Hl. Öle in drei Behältern aufbewahrt, die der Erzbischof in der Karwoche für das ganze Bistum weiht. Das Oleum Chrismatis, das Chrisam für die Salbung nach der Taufe, für die Firmung, die Weihe des Bischofs und des Priesters, auch zur Weihe von Kirchen und Altären. Das Oleum Catechumenorum, das Katechumenenöl für die Salbung vor der Taufe und das Oleum Infirmorum, das Krankenöl für das Sakrament der Krankensalbung.

In der nächsten Seitennische sehen wir eine Marienstatue auf einem Sockel. Diese Mutter Gottes mit Jesuskind wurde nach dem Umbau im Jahre 1968 anstelle des Altaraufsatzes auf dem Marienaltar aufgestellt. Sie wurde von der Bild-

^ *Abb. 38: Nische mit Hl. Ölen*

^ *Abb. 39: Seitennische mit der auf-gestellten Statue der Mutter Gottes mit Jesuskind*

hauerin Hanna Perathoner aus Lindenholz geschnitzt. Während des zweiten Weltkrieges erworben, war sie in einer Seitennische aufgestellt worden. Nun ist sie an dieser Stelle aufgestellt, weil der Altaraufsatz der Krönung Marien im Jahr 2005 wieder auf dem Marienaltar seinen ursprünglichen Platz gefunden hat. Der Sockel aus Sandstein wurde speziell für die Figur angefertigt. Sie hat in dieser Nische einen würdigen Platz gefunden und die Gläubigen knien hier häufig zum Gebet nieder.

In der nächsten Nische befindet sich der zweite Beichtstuhl. Die Beichtstühle und das Kirchengestühl wurden gefertigt von der Firma Becker aus Wiedenbrück, ebenfalls nach Entwürfen von Prof. Hehl.

Die letzte Seitennische beherbergt die Gedenkkapelle für die Verstorbenen. Das große Kruzifix hing ursprünglich an der Säule links vom Hauptaltar. An der Wand ist rechts eine Gedenktafel zu sehen. Hier wird der Opfer der Kriege und der ungerechten Gewalt gedacht, besonders des Kaplans Herbert Simoleit, der aus unserer Gemeinde stammt und am 13. November 1944 von den Nationalsozialisten hingerichtet wurde. In dieser Kapelle entzünden die Gläubigen ihre Gedenkkerzen.

Gehen wir weiter, sehen wir an der Rückwand der Kirche zwischen den Türen eine kleine Wandnische, die eine Statue des Hl. Antonius von Padua beherbergt. Diese ursprüngliche Heizungsnische wurde ebenfalls mit restlichen Formziegeln vom Dachboden so schön hergerichtet. Auch hier entzünden die Gläubigen Kerzen für ihre Gebetsanliegen an den Hl. Antonius.

Noch zu erwähnen sind die zwölf Apostelleuchter, die ringsum an den Säulen in der Kirche angebracht sind. Unter ihnen ist jeweils ein goldenes Kreuz in einer grünen Umrandung zu finden. Es sind die zwölf Weihestellen der Kirche. Hier hat der Fürsterzbischof Georg Kardinal Kopp die Herz-Jesu Kirche mit Chrisam gesalbt. Dieses Zeichen verdeutlicht, daß die Heilige Kirche auferbaut ist auf den zwölf Aposteln. Die Kerzen auf den Leuchtern werden in der Osternacht und zum Kirchweihfest entzündet.

An den Säulen in den Seitennischen sind die 14 Kreuzwegstationen angebracht. Diese Holzschnitzereien stellen den Leidensweg unseres Herrn von der Verurteilung durch Pontius Pilatus bis zum Tod am Kreuz und der Grablegung dar. Wir beten den Kreuzweg beginnend an der ersten Station an der Seitennische bei der immerwährenden Hilfe.

^ *Abb. 40: Beichstuhl in der Seitennische auf der rechten Seite*

^ *Abb. 41: Gedenkkapelle*

Wieder vor der Kirche angekommen schauen wir einmal nach oben zum Kirchturm. Hinter den dunklen Holzgittern befindet sich der Glockenstuhl mit den drei Glocken. Die größte ist die Herz-Jesu Glocke. Aufgehängt in der Mitte trägt sie die Inschrift: „Dem Herzen Jesu singe" und erklingt in cis. Die zweite Glocke ist die Marienglocke. Sie läutet jeden Tag dreimal zum Angelusgebet. Aufgehängt links erklingt sie in e

^ *Abb. 42: Nische mit Hl. Antonius*

und trägt die Inschrift: „Maria, Königin des Friedens, bitte für uns. Die kleinste Glocke ist die Josefsglocke. Sie hängt rechts, trägt die Inschrift: „Gib heiliger Josef, daß wir ein reines Leben führen" und erklingt in fis.

Die Glocken im Turm sind das dritte Geläut nach 1908 und 1924. Die Glocken mußten im ersten und zweiten Weltkrieg abgegeben werden und wurden eingeschmolzen. Am 27. Oktober 1958 wurden sie bei der Firma Otto in Bremen-Hemelingen gegossen. Diese hatte auch das erste Geläut von 1908 hergestellt. Am 2. November 1958 vom damaligen Domprobst Paul Weber konsekriert, erklangen sie zur großen Freude der Gemeinde das erste Mal rechtzeitig vor dem 50. Kirchweihjubiläum.

^ *Abb. 43: 11. Kreuzwegstation, Jesus wird ans Kreuz genagelt*

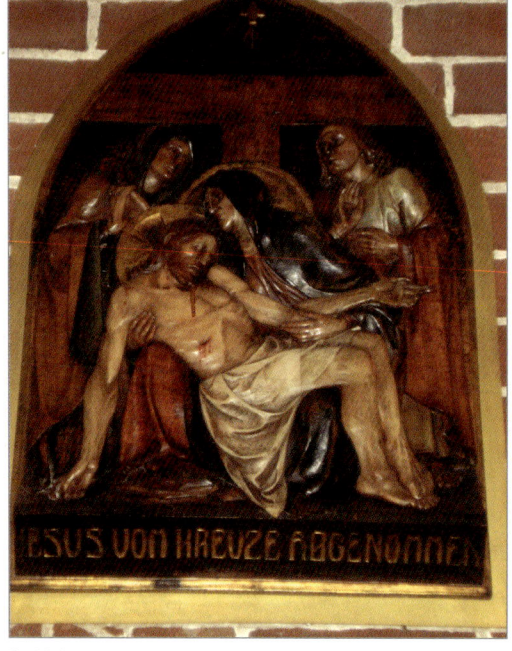

^ *Abb. 44: 13. Kreuzwegstation. Jesus wird vom Kreuze abgenommen*

DIE KLEUKER-ORGEL
IN HERZ-JESU

Im Psalm 150 heißt es: „Lobpreiset den Herrn in seinem Heiligtum … lobt ihn mit Harfen und Orgelklang, lobt ihn mit Hörnern, Harfe und Zither, Flöte und Zimbel" Es ist der letzte Psalm der Psalmensammlung, aber auch in anderen Psalmen und unzähligen Schriftstellen werden wir aufgefordert, den Herrn unseren Gott zu loben und zu preisen. Niemals enden soll der Lobgesang seiner Größe und Macht, seiner Herrlichkeit und Stärke. Und unser Lob mischt sich mit dem immer während Lob der Engel und Heiligen. Das Lob in der Kirche, mit der ganzen Klangfülle, die der 150. Psalm fordert, ertönt seit Jahrhunderten durch die Orgel. Diese „Königin der Instrumente", die so vielstimmig ist, verherrlicht mit ihrem Lob den Herrn und unterstützt die so manches Mal eher müde klingende gottesdienstliche Gemeinde.

Dass in einer Hl. Messe ohne Orgel etwas fehlt, merken wir in Herz-Jesu besonders jetzt, da es auch Gottesdienste ohne Orgelspiel gibt.

Unsere Orgel wurde in den Jahren 1972/1973 von der Orgelbaufirma Detlef Kleuker aus Brackwede geschaffen und in unserer Kirche eingebaut. Sie war notwendig geworden, weil die alte Orgel aus dem Jahr 1911 über die Zeit nicht mehr zuverlässig ihren Dienst versah und der Klang, nicht zuletzt auch durch zahlreiche Beschädigungen, nur schwer als Gotteslob zu verstehen war.

Über viele Jahre wurde für die neue Orgel in der Gemeinde gesammelt und die Gemeindemitglieder gaben reichlich und gerne. Konnten sie doch anhand dcr Markierungen an den hinten in der Kirche aufgestellten Orgelpfeifen erkennen, wie viel Geld schon aufgebracht war und wie viel noch benötigt wurde.

Im Jahr 1973 war es dann soweit. Die neue Orgel wurde auf der zweiten Empore aufgebaut und nicht, wie ihre Vorgängerin auf der eigentlichen Orgelempore. Die Größe des neuen Instruments machte es erforderlich. Und man wollte keine Kanzeln für einzelne Register im Kirchenraum anbringen. Allerdings ging damit die große Chorempore verloren. Einige Male schon hätte man für Messen mit Chor und Orchester die alte große Chorempore gebrauchen können. Doch beim Klang des neuen Instruments verfliegen solche Gedanken schnell. An dieser Orgel waren auch Mitglieder unserer Herz-Jesu Gemeinde beteiligt: Berater für die neue Orgel war Prof. Joseph Ahrens, die Tischlerarbeiten wurden fachgerecht von unserem Küster Karl-Heinz Schlaß erbracht und die Planung des Spieltisches und die Projektbetreuung übernahm Dr. Fritz Zirner, der viele Jahrzehnte hindurch die Orgelvertretungen in Herz-Jesu spielte. Die

^ Abb. 45 u. 46: Orgel

feierliche Orgelweihe erfolgte am 31. März 1973.

Unsere Orgel besitzt 1760 Pfeifen in 25 klingenden Register (nachstehend aufgeführt). Diese sind in vier Werken untergebracht und werden mit drei Manualen und dem Pedal gespielt. Jedes Werk hat also seine eigene Tastatur, und so kann der Organist oder die Organistin die vier Werke unabhängig von einander spielen.

Im Orgelgehäuse sind das Hauptwerk, das Brustwerk und das Pedalwerk untergebracht. Das Rückpositiv mit dem vierten Werk sitzt auf der Brüstung und ragt in den Kirchenraum hinein. Wenn der Organist am Spieltisch sitzt, befindet er sich also Mitten in seinem Instrument.

Im Hauptwerk der Orgel, dem zweiten Manual zugeordnet, sind die kräftigen Grundstimmen und als Krönung eine strahlende „Mixtur" untergebracht.

Dem dritten Manual zugeordnet ist das Brustwerk, das sehr zarte und farbenreiche Register enthält. Durch gelbe Schwelltüren, die vom Organisten mit einem Pedal geöffnet oder geschlossen werden können, kann die Lautstärke dieses Registers variiert werden.

Im Rückpositiv, also im Rücken des Organisten, sind als Gegenspiel des Hauptwerkes ebenfalls charakteristische, aber anders gefärbte Register enthalten. So finden sich hier die Pfeifen von der warmen Rohrflöte bis zur hellen Zimbel. Dem Rückpositiv ist das erste Manual zugeordnet.

Das Pedalwerk schließlich findet sich in den Türmen rechts und links innerhalb des großen Orgelgehäuses. Die tiefen Bassstimmen geben dem Orgelklang das akustische Fundament. Unsere Orgel besitzt vier kostbare Zungenregister, in jedem der Werke eines. Beim Spiel der Orgel kann man diese Register gut aus den übrigen Stimmen der Lippen- oder Labialpfeifen heraushören: die festliche Trompete im Hauptwerk, den näselnden Dulcian im Brustwerk, das schlanke Krummhorn im Rückpositiv und die kräftig schnarrende Posaune im Pedal.

Spielt der Organist eine Taste auf einem Manual oder tritt ein Pedal, so öffnet sich, durch verschieden Züge und Hebel übertragen, das Ventil unter der gewünschten Pfeife. Der vom Gebläsemotor erzeugte Luftstrom kann aus der unter den Pfeifen eines Registers sitzenden Windlade in die Pfeife strömen und erzeugt den Ton. Der Organist wählt mit den Registerschaltern rechts und links neben dem Spieltisch das gewünschte Pfeifenregister aus und öffnet so das Ventil zur entsprechenden Windlade unter dem Register. Diese Art der Wahl über einen Schalter ersetzt das bei anderen, vor allem älteren Orgeln übliche „Registerziehen".

Als Spielhilfe gibt es für den Organisten zwei freie Registerkombinationen. Das sind für jeden Registerschalter zwei Vorwahlknöpfe, damit während des Spiels durch drücken eines kleinen Knopfes oder Pedals schnell umregistriert werden kann.

^ *Abb. 47 u. 48: Spieltisch*

Zum Beispiel zum Wechsel zwischen Einleitung und Liedbegleitung während des Gottesdienstes. Eine feste Kombination ist über den Knopf „Pleno" zu aktivieren. Ist er gedrückt, erklingen alle Register der Orgel, etwa beim Spiel des Te Deums oder bei Werken der Orgelliteratur. Darüber hinaus gibt es Koppeln zwischen den einzelnen Werken. So können verschiedene Werke auf einem Manual gespielt werden.

Nachdem die Orgel dreißig Jahre lang zur Ehre Gottes und zur Freude der Gemeinde ihren Dienst versehen hat, wurde sie einer umfangreichen Restauration unterzogen. So wurden die elektrischen Registerwähler durch elektronische ersetzt, verschiedene undichte Lederbälge in den Windladen wurden ausgetauscht und auch die Mechanik wurde überholt und ausgebessert. Nebenbei wurde auch ein Monitor für zwei Kameras eingebaut. Damit kann jetzt der Organist den Altarraum und den Dirigenten auf der Chorempore sehen. Die bisher angebrachten, unzureichenden Spiegel sind nicht mehr notwendig.

DISPOSITION DER ORGEL

Hauptwerk	Prinzipal	8'	Brustwerk	Holzgedackt	8'
II. Manual	Gemshorn	8'	III. Manual	Singend gedackt	4'
	Oktave	4'		Prinzipal	2'
	Nasat	22/3'		Quinte	11/3'
	Waldflöte	2'		Scharrf	3 f.
	Mixtur	5 f.		Dulcian	16'
	Trompete	8'		Tremulant	
Pedal	Subbaß	16'	Rückpositiv	Rohrflöte	8'
	Prinzipal	8'	I. Manual	Ital. Prinzipal	4'
	Pommer	8'		Oktave	2'
	Rohrpfeife	4'		Sesquialtera	2 f.
	Weitprinzipal	2'		Zimbel	3 f.
	Posaune	16'		Krummhorn	8'
				Tremulant	

Koppel: I/II, III/II, I/P, II/P, III/P

System: Schleifladen mit mechanischer Traktur und elektronischem, ursprünglich elektrischem Regierwerk

Spielhilfen: Handregister, 2 freie Kombinationen, 1 freie Pedalkombination, 1 feste Kombination (Organo pleno), Einzelabsteller für die Zungenregister, Jalousieschweller für das Brustwerk (mechanisch)

Tonumfang: Je Manual C – g''', Pedal C – g'

Pfeifenanzahl: 1760

DIE PRIESTER
DER GEMEINDE HERZ-JESU

DIE PFARRER VON HERZ-JESU

DR. ADOLF STREHLER 1905 – 1912

Dr. Strehler wurde als Kaplan der Gemeinde der Rosenkranzbasilika in Steglitz im Jahr 1905 von deren Pfarrer Deitmer mit der Seelsorge der Zehlendorfer Katholiken beauftragt. Er sollte auch eine eigene Kirche in Zehlendorf bauen. Nach der Fertigstellung des Kirchbaus und einigen Jahren an der neuen Kirche ging er als Seelsorger für die deutschen Katholiken nach Moskau. 1921 kehrte er nach Berlin-Steglitz zurück und wurde Pfarrer an der Rosenkranzbasilika. Später wurde er in das Domkapitel der St. Hedwigskathedrale berufen. Er starb am Heiligen Abend 1945 und fand seine Ruhestätte auf dem Domfriedhof St. Hedwig in Berlin-Hohenschönhausen.

RICHARD WINKLER 1912 – 1935

Pfarrer Winkler war Kuratus an der Gemeinde St. Afra im Norden Berlins bevor er nach Herz-Jesu kam. In seiner Wirkungszeit wurde die damalige Kuratie zur Pfarrei erhoben. Er starb am 6. April 1935 und ruht im Priestergrab der Gemeinde auf dem Friedhof in der Onkel-Tom-Straße.

KARL ANDERS 1935 – 1942

Bedingt durch die lange Zeit der Sedisvakanz des Berliner Bischofssitzes wurde Karl Anders erst am 9. Oktober 1935 vom neuen Bischof Conrad von Preysing zum Pfarrer von Herz-Jesu ernannt. Vorher war er lange Jahre Pfarrer der Pfarrei in Anklam, bevor er in schwierigen Zeiten die Pfarrei Herz-Jesu verliehen bekam. Er starb am 3. Januar 1942 und ruht ebenfalls im Priestergrab der Gemeinde auf dem Onkel-Tom Friedhof.

FRANZ RITTAU 1942 – 1966

Nach seinen Kaplansjahren in den Gemeinden Hl. Familie in Lichterfelde und St. Johannes in Kreuzberg wurde er vom ersten Bischof des neuen Bistums Berlin Dr. Christian Schreiber im Jahr 1931 als Domvikar, bischöflicher Zeremoniar und Ordinariatssekretär berufen. 1942 wurde er Pfarrer von Herz-Jesu. Pfarrer Rittau starb am 19. Februar 1966, kurz vor seinem 25. Jubiläum in der Gemeinde. Er ruht wie seine beiden Vorgänger auf dem Friedhof Onkel-Tom-Straße.

GEORG ADAMSKI 1966 – 1996

Nach seinen Kaplansjahren in St. Wilhelm in Spandau und St. Elisabeth in Schöneberg kam er 1963 als Kaplan in unsere Pfarrei. Nach dem Tod von Pfarrer Rittau wurde er am 21. Februar 1966 Pfarradministrator und am 24. April 1966 Pfarrer der Herz-Jesu Gemeinde. Von 1981 bis 1990 war er Dekan des Dekanats Zehlendorf. Er ging am 1. März 1996 in den Ruhestand.

JOSEF RUDOLF 1996 – 2004

Pfarrer Rudolf war nach seiner Priesterweihe von 1974 bis 1977 Kaplan in Demmin. Weitere Kaplanstellen waren 1977 Berlin-Buch und 1980 Greifswald. 1982 wurde er vom Bischof von Berlin, Joachim Kardinal Meißner, zum Domvikar, bischöflichen Zeremoniar und Sekretär berufen. Im Jahr 1987 wurde er Rektor des Sprachenseminars in Schöneiche und auch Pfarrer der dortigen Gemeinde. Die Jahre 1991 bis 1994 verbrachte er im Augustinerchorherren Stift Herzogenburg in Österreich. Nach seiner Rückkehr übernahm er die Kuratie Mutter vom Guten Rat in Lichterfelde-Süd. Am 2. Februar 1996 wurde er Pfarrer von Herz-Jesu. Wegen der Fusion mit der Nachbargemeinde St. Otto gab er 2004 unsere Pfarrei auf und wurde Pfarrer von St. Bonifatius in Erkner.

PETER-JÜRGEN WÖLLER 2004 – 2005

In den 12 Monaten vom Weggang Pfarrer Rudolfs bis zur Fusion wurde Pfarrer Wöller zum Pfarradministrator für unsere Gemeinde bestellt. Er wurde als Spätberufener erst 1989 zum Priester geweiht, kam über seine Kaplansstationen St. Marien Liebfrauen Berlin-Reinickendorf und Herz-Jesu, St. Thomas und Mariä Himmelfahrt in Berlin-Charlottenburg als Pfarradministrator nach St. Lambertus, Berlin-Hakenfelde. 1990 wurde er Pfarrer von St. Konrad in Berlin-Schöneberg. Danach ging er für fünf Jahre als Seelsorger nach Pretoria/Südafrika. Zurückgekehrt wurde er Administrator in Anklam und vicarius substitutus im St.

Hedwigs-Krankenhaus. Schon im Ruhestand übernahm er die Aufgabe bei uns und übergab die Pfarrei zum 1.11.2005 an den jetzigen Pfarrer.

CARL-HEINZ MERTZ SEIT 2005

Nach seiner Priesterweihe im Jahr 1979 kam Pfarrer Mertz als Kaplan nach Mater Dolorosa in Berlin-Lankwitz. Weiter Kaplansstationen führten ihn 1981 in Märkische Viertel, 1984 in die Gropiusstadt und 1987 nach Berlin-Mariendorf. Dort wurde er 1988 Pfarrer der Pfarrei Maria Frieden. In den Jahren 1992 bis 2002 war er Dekan des Dekanats Tempelhof, später Schöneberg-Tempelhof. Am 1. November 2005 wurde er Pfarrer in Herz-Jesu.

KAPLÄNE IN HERZ-JESU

Reinhold Renger	1919 – 1926	Johannes Dijkstal	1966 – 1967
Josef Spindel	1926 – 1928	Michael Töpel	1967 – 1969
Hermann Siebenhaar	1928 – 1930	Dieter Wortmann	1969 – 1973
Karl Moritz	1930 – 1933	Bernhard Biskup	1973 – 1979
Dr. Raymund Bugla	1933 – 1935	Helmut Wagenknecht	1979 – 1983
Paul Fleischer	1935 – 1937	Hans-Jürgen Lischka	1983 – 1984
Robert Lange	1938 – 1943	Pater	
Max Kurzinski	1946 – 1952	Christoph Viergutz	1984 – 1986
Carl Heiz Sauer	1952 – 1954	Stefan Müller	1986 – 1990
Georg Fulge	1954 – 1955	Benedikt Schnitzler	2001 – 2003
Rudolf Lapscheck	1955 – 1963	Johannes Kleene	2004 – 2006
Georg Adamski	1963 – 1966	Mathias Faustmann	seit 2006

AUS HERZ-JESU HERVORGEGANGENE PRIESTER

Herbert Simoleit	geweiht 1939	hingerichtet 1944
Klaus Glowieke	geweiht 1952	
Helmut Kinne	geweiht 1955	
Eberhard Mainka	geweiht 1957	
P. Canisius Gloning OSB	geweiht 1957	

^ *Abb. 49 u. 50: Kirche St. Otto*

ST. OTTO
IN BERLIN-ZEHLENDORF

DER WEG DER NEUGRÜNDUNG VON 1955

IM ZEHLENDORFER SÜDEN

VON DR. ANTON MARKMILLER

ST. OTTO IN BERLIN-ZEHLENDORF

100 Jahre Pfarrkirche Herz Jesu Berlin-Zehlendorf ist ein Datum, das im katholischen Berlin und darüber hinaus mit Freude begangen wird. Zum einen sehen wir das architektonische Juwel des Kirchenbaus, das Zelt Gottes unter den Menschen, zum anderen erfahren wir die lebendige Gemeinde, das Volk Gottes unterwegs. Kirche und Gemeinde haben eine lange Geschichte hinter sich und begehen ihr 100jähriges Jubiläum in erfrischender Lebendigkeit.

Schon bald nach der Errichtung des Gotteshauses an der Riemeisterstraße tauchten allerdings Überlegungen auf, eine weitere Kirche im Süden Zehlendorfs zu bauen, um dem wachsenden Bedarf gerecht zu werden. Erst 1955, zehn Jahre nach dem Ende von Gewaltherrschaft und Krieg, konnten diese Gedanken verwirklicht werden. Fast wie ein mittelalterliches Kloster hat die Gemeinde Herz Jesu einen Ableger an der Straße „Heimat" begründet und in die Eigenständigkeit entlassen. Aus der zarten Pflanze entwickelte sich ein kräftiger Baum, in dessen Schatten ein reges Gemeindeleben Wirklichkeit wurde.

Als sich über dem Erzbistum Berlin zu Beginn des neuen Jahrtausends aber die Wolken bedrohlich zusammen zogen und die Struktur des Bistums neu zu gliedern war, konnte die Gründung im Zehlendorfer Süden nicht mehr bestehen – auch wenn der Wille zur Eigenständigkeit ungebrochen war. Zum 1. November 2005 fusionierte die Gemeinde St. Otto mit der ehemaligen Muttergemeinde Herz Jesu.

„Gott will nicht erzwungenen, sondern freiwilligen Dienst" – dieses Motto des Heiligen Bischofs Otto von Bamberg (um 1060 bis 1139), der im 12. Jh. bei den Pommern missionierte, steht seit 1955 über der Strahlkraft der Kirche St. Otto in Berlin-Zehlendorf. Der Satz war das griffige Leitmotiv seiner Predigten unter den Pommern, die er 1124/1125 und dann erneut 1128 an der Odermündung aufsuchte. Auch im Bereich des heutigen Erzbistums Berlin war Bischof Otto predigend unterwegs. Otto war Kanzler unter Kaiser Heinrich IV. und Bauleiter am Dom zu Speyer. 1102 wurde er achter Bischof von Bamberg, er gründete oder reformierte 30 Klöster, Stifte und Spitäler, er stand als entschieden zupackender Organisator und kluger Vermittler im Investiturstreit in hohem Ansehen. Auf seinen Missionsreisen in Pommern soll er 22.000 Menschen getauft haben, die Kirche von Pommern erhielt von ihm ihre Organisation. Otto gründete das Bistum Kammin, das heutige Kamien Pomorski. 1189 wurde Bischof Otto unter Papst Clemens III. auf dem Hoftag in Würzburg heilig gesprochen.

Wie aber schon das Motto besagt, überzeugte der Heilige Otto vor allem auch durch sein Einfühlungsvermögen. So berichtet die Heiligenlegende unter anderem, dass er den heidnisch verehrten uralten Nussbaum in Stettin nicht einfach umhauen ließ, sondern seine Früchte und seinen Schatten den Lebenden widmete. Bei einer Naturkatastrophe, die eine Ernte vernichtete, verteilte er Sicheln und andere Werkzeuge an die Bevölkerung, damit gearbeitet und nicht gebettelt wurde. Zur Erinnerung an die Missionsreisen haben evangelische Christen auf der Insel Usedom ein Steinkreuz aufgerichtet, das Ottos Motto eingraviert trägt.

Brandenburg und Pommern wurden also erst relativ spät missioniert und diese Missionsleistung ist untrennbar mit den genannten Missionsreisen des Bischof Otto von Bamberg verbunden. Somit war es nahe liegend, dass bei der Gründung des Bistums Berlin am 13. August 1930 der Heilige Otto neben dem Heiligen Petrus zum zweiten Bistumspatron erwählt wurde.

In der Stadt Berlin blieb der Bistumspatron zunächst ohne eigene Kirche, erst nach den dunklen Jahren der nationalsozialistischen Herrschaft kam es dazu, dass ein Kirchenbau dem Heiligen Otto geweiht werden sollte. Bischof Wilhelm Weskamm (Bischof von Berlin 1951 bis 1956) vermisste eine Kirche des Heiligen Otto und somit kam die im Jahr 1955 von ihm geweihte Kirche in Berlin-Zehlendorf zu ihrem Patron. Die im durchwegs schmucklosen Funktionalstil der Nachkriegszeit errichtete Kirche bildete den Mittelpunkt zunächst der Pfarrkuratie und dann der Pfarrei St. Otto, die vom 1. April 1959 bis zum 31. Oktober 2005 als eigenständige Pfarrei existierte. Mit der Fusion im Rahmen der Bistumsreorganisation ging die Pfarrei St. Otto zum 1. November 2005 wieder in ihrer Herkunftspfarrei Herz Jesu auf. Seither verfügt die fusionierte Pfarrei über zwei Gotteshäuser, an denen die Frohe Botschaft verkündet und gelebt wird.

ERSTE ÜBERLEGUNGEN ZUM BAU EINER NEUEN KIRCHE

Die Katholiken in Zehlendorf besaßen mit der Kirche Herz Jesu ein prächtiges Gotteshaus, dessen Pfarrei fast das gesamte heutige Stadtgebiet mit Ausnahme der Ortsteile Dahlem und Wannsee abdeckte. Die räumliche Ausdehnung Berlins zu Beginn des 20. Jh. hatte allerdings Überlegungen reifen lassen, für die im südlichen Teil Zehlendorfs, also jenseits der Wannseebahn, wohnenden Katholiken ein eigenes Gotteshaus zu errichten. Der erste Weltkrieg verhinderte zunächst einen Bau, so dass erst 1929 durch den Gesamtverband der Katholischen Kirchengemeinden von Berlin verschiedene Grundstücke der Gemarkung Schönow erworben werden konnten. Zunächst blieb das Grundstück praktisch unbenutzt, an einen Kirchenbau war in den Jahren der Weltwirtschaftskrise selbstverständlich nicht zu denken. Diese Situation änderte sich während der Zeit des Naziregimes nicht, vielmehr bestand die beständige Gefahr einer Beschlagnahme des Grundstücks. Um dies zu verhindern, wurde es an Kleingärtner aufgeteilt, die in den Mangelzeiten eine besondere staatliche Förderung erhielten. Zeitzeugen berichten, dass die Straße „Heimat" ein Sandweg gewesen sei und auf dem Grundstück Kartoffeln angepflanzt wurden. Durch diese geschickte Maßnahme, an der der Heilige Otto seine Freude gehabt hätte, blieb das Grundstück erhalten.

EIN NEUES GOTTESHAUS IM BERLINER SÜDEN

Nach 1945 wuchs die Bevölkerung aufgrund der Flüchtlingsbewegungen und der Abwanderung aus der DDR sehr stark an, was zu einem umfangreichen Wohnungsbau auch in Zehlendorf führte. Da viele der Zugewanderten katholisch waren, wurde ein Kirchenneubau in Zehlendorf-Süd immer dringlicher. Am 18. Juni 1954 konnte der erste Spatenstich durch den Vorsitzenden des Kirchenvorstandes der Herz-Jesu-Gemeinde, Pfarrer Franz Rittau, getan werden, bereits am 18. Juli wurde der Grundstein von Erzpriester Bernhard Stein, Pfarrer von St. Marien in Friedenau, in Anwesenheit der Geistlichkeit des Dekanats Steglitz gelegt: „nachmittags um 4 Uhr", wie die Chronik penibel vermerkt. Eine Urkunde wurde mit Zeitdokumenten und Münzen in den Grundstein eingemauert, auf dem geschrieben steht: „Lapis Angularis – 18.7.1954". Der Kirchenbau selbst, nach einem Entwurf von Prof. Dr.-Ing. Karl Erbs, ging zügig voran, besondere Vorkommnisse vom Bau werden in der Chronik nicht vermeldet.

FEIERLICHE WEIHE AM 24. APRIL 1955

Am Tag des Hl. Fidelis und des Hl. Egbert, dem 24. April 1955, erfolgte die feierliche Konsekration durch den Bischof von Berlin, Wilhelm Weskamm. Eine Kirchenweihe ist ein besonderer liturgischer Akt, vollzogen nach einem uralten Ritual der Reinigung und Heiligung. In diesem Ablauf ergreift Christus, vertreten durch den Bischof, von der Kirche Besitz. Als äußeres Zeichen dieser Besitzergreifung schreibt der Bischof mit dem Hirtenstab in zwei gekreuzte Aschenstreifen auf dem Boden der Kirche das lateinische und das griechische Alphabet. Dieser Brauch, ursprünglich ein Bannmittel feindlicher Mächte bei Besitzergreifung eines heidnischen Tempelplatzes, hat hier einen tieferen Sinn. Gott als Schöpfer des Alls und aller Kreatur ist das A und O – der erste und letzte Buchstabe des griechischen Alphabets. Mit den Buchstaben des Alphabets lässt sich alles ausdrücken, was Gott erschaffen hat, und es ist somit ein treffliches Sinnbild für die Allmacht des Herrn. So wurde auch die Kirche St. Otto geweiht und der Chor sang zu diesem feierlichen Akt: „Wie fruchtbar ist dieser Ort! Nichts anderes ist hier als Gottes Haus, die Pforte des Himmels!" Im Fortgang der heiligen Handlung wurde die Kirche mit geweihtem Wasser besprengt und der Altar geheiligt. In den Altar selbst werden bei einer Kirchenweihe Reliquien von Heiligen eingemauert. Diese Ruhestätte der Heiligen inmitten der Gemeinde ist ein Ausdruck für die Himmel und Erde umfassende Gemeinschaft der Heiligen. In St. Otto wurden durch Bischof Weskamm Reliquien der Heiligen Gaudentius und Prospera eingelassen. Gaudentius (um 965 bis 1008) war erster Bischof von Gnesen (heute Gniezno), Prospera hingegen war eine Jungfrau und Märtyrerin der frühen Kirche in Rom.

Nach der Weihe des Altars nahm der Bischof die Weihe des gesamten Kirchenraumes vor und salbte das Langhaus an zwölf dafür vorgesehenen Stellen als Symbol für die zwölf Tore des alttestamentarischen Jerusalem und die zwölf Apostel als die Säulen des himmlischen Jerusalem. Im feierlichen Gottesdienst wurde das jährlich zu begehende Fest der Kirchenweihe auf den zweiten Sonntag im September festgelegt. Patrozinium der Kirche hingegen ist der 30. Juni, der Todestag des Heiligen Otto.

ERRICHTUNG DER PFARRKURATIE ST. OTTO

Das Bistum richtete zunächst eine Pfarrkuratie ein – eine eigenständige Pfarrei sollt St. Otto erst später werden. Mit der Weihe der Kirche stellte der Bischof der jungen Gemeinde Pfarrer Georg Fulge als ihren ersten Kuratus vor, bis dahin Kaplan der Mutterpfarrei Herz-Jesu. Die Pfarrkuratie war von Anfang an mit der Aufgabe betraut, die gesamte Inneneinrichtung der Kirche aus eigenen Mitteln aufzubringen. In Herz-Jesu waren etwa 30.000 DM gesammelt worden, mit denen erste Anschaffungen getätigt werden konnten, so z.B. die Kirchenbänke, auch einige Zustiftungen an liturgischem Gerät und die Finanzierung des Beichtstuhls durch den Katholischen Deutschen Frauenbund vermelden die Annalen. Mit dem Hochamt am Sonntag, dem 1. Mai 1955 begann der regelmäßige Gottesdienst in St. Otto und nachmittags feierte man gleich die erste Maiandacht.

Die Gründungsurkunde der Pfarrkuratie von St. Otto datiert vom 1. Juli 1955 und in ihr werden die Grenzen umrissen, wie sie später auch für die Pfarrei gelten sollten. Der Pfarrer wohnte vorerst in Ermangelung eines eigenen Pfarrhauses in einer gemieteten Villa in der Leuchtenburgstraße. Dort begann mit dem Beicht- und Kommunionunterricht auch das gemeindliche Leben. Bereits im Oktober 1955 gründete sich ein Kirchenchor zur liturgischen Umrahmung der Gottesdienste. Und es ging voran, die Chronik berichtet unablässig von neuen Ereignissen und Initiativen, wie z.B. von der ersten Fronleichnamsprozession im Juni 1956, von der Beschaffung liturgischen Geräts oder von der Weihe der vier Kirchenglocken am 8. Mai 1958. Aus den mehrjährigen Opfergaben und verschiedenen Kollekten konnte von der Firma Rudolf Perner aus Passau ein Bronzegeläut erworben werden. Die feierliche Glockenweihe nahm Dompropst Weber vor und folgende Glocken mit einem Gesamtgewicht von 1588,5 kg wurden auf den Turm gehievt: St. Otto (F), Mariae Unbefleckte Empfängnis (B), St. Petrus (C) und St. Hedwig (D). Zum Patronatsfest am 5. Juli 1958 wurde die von Rudolf Hetzel geschnitzte Figur des Hl. Otto geweiht und in der linken Gebetsnische aufgestellt, wo sie auch heute noch steht.

Im Oktober 1958 erschien des erste Mitteilungsblatt der Pfarrgemeinde, in dem insbesondere zu einer kritischen Veranstaltungsfolge über den Marxismus eingeladen wurde – noch gab es keine Mauer und die DDR war nahe. Mit dem Mitteilungsblatt begannen auch das Begrüßen und Einladen der Neuzugezogenen, die in St. Otto eine Heimat und Ansprechpartner finden sollten. Erste Pläne für eine Kindertagesstätte, ein Gemeindehaus und ein eigenes Pfarrhaus wurden entwickelt und den Behörden zur Genehmigung vorgelegt – das gemeindliche Leben begann sich rund um die Kirche zu entfalten.

DIE KURATIE WIRD PFARREI

Im Februar 1959 berief Bischof Julius Kardinal Döpfner den Kaplan der Rosenkranz-Basilika in Steglitz, Bruno Piotrowski, zum Pfarrer von St. Otto und zum 1. April wurde die bisherige Kuratiegemeinde zur eigenständigen Pfarrei erhoben. Pfarrer Piotrowski wurde am Pfingstmontag, dem 18. Mai, feierlich in das Amt eingeführt, der erste Kirchenvorstand konnte bereits Ende Mai gewählt werden. Das zwischenzeitlich erworbene Grundstück Heimat 66 wurde der jungen Pfarrei übertragen, so dass dann 1962 darauf das geplante Pfarrhaus errichtet werden konnte.

Eine Erweiterung des liturgischen Innenprogramms der Pfarrkirche erfolgte im Jahr 1962, als ein neuer Kreuzweg, gestaltet von Hans Schrott-Fiechtl und ausgeführt in Bronzeplatten auf Holz, angebracht werden konnte. Auch eine Orgel konnte bei der Firma Klais in Bonn in Auftrag gegeben werden und sie wurde im Januar 1968 „bei strenger Kälte" aufgebaut und intoniert. Am 18. Februar erfolgte durch Domkapitular Prälat Erich Klausner die Weihe des Instruments und in seiner Festansprache stellte er die interessante Frage, „ob Jesus wohl musikalisch gewesen sei?" Wie auch immer, die neue Orgel in St. Otto lud von da an alle ein, zum Lobpreis Gottes mitzusingen, ob nun musikalisch oder nicht. Einer jedoch scheint dies falsch verstanden zu haben, denn am 6. Dezember 1968 berichtet die Chronik, dass man entdeckt habe, dass aus dem Rückpositiv der Orgel eine Pfeife fehlte. Die alarmierte Polizei fand die unbrauchbare Pfeife in der Wohnung eines Dachdeckers und – Steigerung der Kuriosität – das schriftliche Geständnis des jungen Mannes ist in der Chronik eingeheftet. So fügt sich in der amüsant zu lesenden Chronik Großes zu Kleinem und es entsteht ein lebhaftes Bild unserer Gemeinde, die sich zügig weiter entwickelte. Mit der Kindertagsstätte (schon 1960) und dem Gemeindehaus (1972) komplettierte sich schrittweise auch das Bauensemble an der Straße „Heimat", wie wir es heute kennen. Und beständig berichtet die Chronik von der Ausweitung der gemeindlichen Aktivitäten, kaum dass ein neuer Raum bezogen werden konnte. Es spricht für die Attraktivität des gemeindlichen Lebens, das sich die Gemeindmitglieder die Gebäude regelrecht zu eigen gemacht haben. Stets fanden sich helfende Hände bei Reinigungen, Renovierungen, allfälligen Umbauten, Erweiterungen usw. ein und wer nicht selbst mit anpacken konnte oder wollte, dessen Hand legte einen Obolus in den Spendenkorb.

MIT JESUS CHRISTUS GEMEINSAM AUF DEM WEG

Das gedeihliche Zusammenwirken von Seelsorger – ab November 1981 war der frühere Domvikar Bernhard Biskup Pfarrer von St. Otto – Pfarrgemeinderat, Kirchenvorstand und Gemeinde sowie im Verbund mit den katholischen und evangelischen Nachbargemeinden zeitigte eine reiche liturgische Praxis und eine Vielzahl von Initiativen, Gruppen und Kreisen.

Als Christen sind wir aufgefordert, unseren Glauben in der Welt zu leben. Wie das Volk Israel haben wir uns auf den Weg gemacht, Gott ist unser Anfang und Ende. Dabei erfahren wir Jesus Christus als Wegbegleiter und Mutmacher. Er gibt uns die Kraft, in den vielfältigen Bezügen unseres Lebens, in der Familie, am Arbeitsplatz, in der Kindheit und im Alter, in Glück und in Krankheit und Bedrängnis, zu bestehen und unser Leben zu meistern. Unser christliches Selbstverständnis verlangt unseren Einsatz für eine gerechte Welt, in der die Würde des Menschen geachtet wird. Im Gottesdienst besinnt sich die Gemeinde immer wieder neue auf Jesus Christus und festigt ihre Gemeinschaft als Volk Gottes auf dem Weg. Im Zentrum des Lebens der Gemeinde steht die Feier des Gottesdienstes. Jung und alt, Familien wie Alleinstehende versammeln sich um den Altar, dem Sinnbild für den gegenwärtigen Christus, Mittelpunkt unseres Glaubens. Christliche Gemeinschaft ist offen für jeden, der teilnehmen möchte, entsprechend vielfältig ist die Art, Gottesdienst in St. Otto zu feiern. Die sonntägliche Eucharistiefeier wird begleitet von zahlreichen anderen Liturgieformen, wie Andachten und Besinnungen, Gottesdiensten mit Kindern und jungen Familien, Beichtgelegenheiten und Bußgottesdiensten. Alle sind eingeladen, in einer spezifischen Art und Weise ihrem Glauben Ausdruck zu geben.

Gemeinde ist dabei ein Ort, an dem Besinnung und Begegnung ermöglicht werden. Menschen kommen zusammen, um Freunde und Bekannte zu treffen, um zu feiern. Man/frau steht nach dem Gottesdienst zusammen, redet miteinander beim Frühschoppen, lacht und trägt die Sorgen des anderen ein Stück mit. In den feierlichen Gottesdiensten an den Hochfesten, in der schlichten Gestaltung der Frühkirche, bei den thematischen Abenden gibt es Raum zur Besinnung und Begegnung – beides brauchen wir im Leben, beides braucht die Gemeinde, damit sie als Kirche Jesu Christi im dritten Jahrtausend lebendig und glaubwürdig ist.

50 JAHRE ST. OTTO: PFARRJUBILÄUM IN DER UMBRUCHSPHASE

Das Jahr 2005 markierte das 50jährige Jubiläum der Konsekration der Kirche St. Otto. Ein reichhaltiges Rahmenprogramm mit Gemeindefest, Vortrag und Diskussion zum Thema „Wie die Kirche Zukunft hat", Festball im Bürgersaal des Rathauses Zehlendorf umgab den eigentlichen Festgottesdienst mit Weihbischof Wolfgang Weidner am 19. Juni in der festlich geschmückten Kirche. Die Anwesenheit des Weihbischofs dokumentierte, dass jede Gemeinde ihren Platz in unserer Kirche hat – dies sollte gerade in der schwierigen Situation des Erzbistums nicht aus den Augen verloren werden. Der Blick auf den eigenen Kirchturm – in Freude und Stolz und zum Jubiläum durchaus angemessen – weitet sich dabei, er reicht über die Grenzen eines Bistums hinaus. Nach alter kirchlicher Auffassung zeigt sich in der Gemeinschaft mit dem Bischof die Zugehörigkeit zur Weltkirche. Der Festgottesdienst, in dem zur Ehre Gottes eine Mozartmesse mit Chor, Orchester und Orgel unter der bewährten Stabführung des langjährigen Kirchenmusikers Karl-Hans Gehr erklang, stellte dies unter Beweis. Alle Gruppen, Kreise und Initiativen beteiligten sich an der Feier, den Bezug zur Weltkirche stellte insbesondere der Arbeitskreis „Leben in Einer Welt" her, der sich seit vielen Jahren dem Projekt der Behindertenschule CERECO in Cochabamba, Bolivien, verpflichtet fühlt: Solidarität mit Menschen, deren Lebensbedingungen von Armut und Benachteiligung geprägt sind. Nicht ohne berechtigten Stolz erschien zum Jubiläum auch die Ausgabe 198 der „Pfarrnachrichten Sankt Otto", deren Präsenz im Gemeindeleben durch die Homepage der Gemeinde noch unterstützt wird.

MIT DER PFARRFUSION VOR NEUEN HERAUSFORDERUNGEN

50 Jahre ist die Gemeinde St. Otto ihren Weg innerhalb des Erzbistums Berlin eigenständig gegangen. Eine spezifische Identität hat sich da heraus gebildet, deren Prämissen ganz fest in der Überzeugung wurzeln, dass erst das breite En-

gagement vieler einzelner ein gelungenes Gemeindeleben ermöglicht. Dieses Engagement klug zu fördern und abzusichern, war das große Verdienst des langjährigen Pfarrers Bernhard Biskup. Ihm ist es in überzeugender Weise gelungen, den Bogen zwischen pastoraler Verkündigung, eucharistischer Feier und gemeindlichem Mitwirken zu schlagen und unter Spannung zu halten. Pfarrer Biskup hat das oben skizzierte pastorale Selbstverständnis in St. Otto gelebt und verkündet, dafür hat ihm die Gemeinde Dank und Anerkennung entgegen gebracht. Mit der Fusion endete seine Tätigkeit als Pfarrer von St. Otto, was die Pfarrei nur mit großem Bedauern zur Kenntnis nehmen konnte.

Die Gemeinde musste lernen, dass neue Zeiten neue Herausforderungen mit sich brachten. Die absehbar größte Herausforderung stellte die Fusion der Gemeinden St. Otto und Herz Jesu dar. Aufgrund des rapiden Wandels der Rahmenbedingungen für die Pastoral im Erzbistum Berlin mussten die bisherigen Strukturen reorganisiert werden – eine Situation, die übrigens nicht nur in Berlin gegeben ist. Für den Zehlendorfer Süden hieß dies, dass die bisher eigenständigen Pfarreien zu einer gemeinsamen Pfarrei zusammengeschlossen wurden. St. Otto traf sich also nach 50 Jahren wieder mit der ursprünglichen Mutterpfarrei Herz Jesu, die zum 1. November 2005 eine Pfarrei mit zwei Gotteshäusern wurde. Damit wird eine Neuordnung der Pastoral erforderlich, die zusätzlich in einem veränderten Finanzrahmen verwirklicht werden muss. Gesamtwirtschaftliche Situation, sinkendes Kirchensteueraufkommen und Langzeitfolgen der deutschen Einheit schränken das Finanzvolumen der Kirchen in Berlin erheblich ein. Wollen wir handlungsfähig bleiben, sind Umbauten im Gebälk des gemeinsamen Hauses unumgänglich, so schmerzhaft sie auch sein werden.

St. Otto und Herz Jesu müssen diese Herausforderung gemeinsam meistern. Nach einer Periode der Parallelstrukturen bei Pfarrgemeinderat und Kirchenvorstand haben zum Ende des Jahres 2007 einheitlich gewählte Gremien die Arbeit aufgenommen. Priester, Pfarrgemeinderat und Kirchenvorstand bemühen sich nach Kräften, der neuen Pfarrei ein Konzept zu geben, denn es muss eine neue Pfarrei sein, die da entsteht. Es gibt keine „Heimkehr" und auch keine „Übernahme", sondern zwei gleichwertige Partner haben sich zusammengeschlossen. Der Prozess verläuft durchaus schmerzhaft, aber Gemeinde wird auch künftig das sein, was wir daraus machen. Ohne diese Überzeugung wäre sicherlich auch der Hl. Otto nicht aus seinem beschaulichen Bamberg aufgebrochen, um den fernen Pommern die Botschaft Christi zu bringen. Und er hatte für seine fruchtbare Tätigkeit auch das passende Leitwort, das wir stets neu Wirklichkeit werden lassen sollten: „Gott will nicht erzwungenen, sondern freiwilligen Dienst."

Die Fusion hat es mit sich gebracht, dass der Name der Pfarrei St. Otto nicht aufrecht erhalten werden konnte. Herz Jesu hat als Pfarrei hier die älteren Rechte, womit die Namensgebung der fusionierten Pfarrei eindeutig entschieden wurde. Aufgrund des hohen Identifikationsgrades, der mit einer Namensgebung verbunden ist, sind solche Einverleibungen oft sehr schmerzhaft. Diese Beobachtung

kann man auch im Hinblick auf das Zusammenwachsen der beiden Gemeinde-
teile machen. So mag es für manchen tröstlich sein, dass der Name des Heiligen
Otto gerade bei der Kinder und Jugendarbeit fortbesteht: die Ottönchen singen,
das O-(T)Ton-Orchester spielt und der Stamm St. Otto der Deutschen Pfadfinder-
schaft Sankt Georg (DPSG) lässt an der Jurtenburg den Wimpel des Heiligen Otto
flattern.

FRANZEL

RENATE OBERMEYER [1994]

Nein, Franzel gehörte nicht zur Familie.

Dennoch nahm er einen wichtigen Platz in meinem Leben ein, war er doch seit ich denken konnte unser Pfarrer. Er starb, als ich bereits verheiratet war und fern seiner Gemeinde lebte.

Die Zeiten haben sich geändert, mit ihnen nicht nur die Gläubigen, sondern auch die Pfarrer.

Franzel war selbstverständlich eine Respektsperson. Ich müsste lügen, wenn ich behaupten würde, er sei in der Gemeinde beliebt gewesen. Geachtet war er wohl. Die Mehrzahl der erwachsenen Gläubigen hielt ihn für abweisend, streng, ja für überheblich. Nur wir Kinder liebten ihn, kannten wir ihn doch besser, denn wir nahmen allwöchentlich im Pfarrhaus an seinem Religionsunterricht teil.

Franz Rittau war Pfarrer unserer großen Gemeinde im Südwesten Berlins. Wir Pfarrkinder lebten in der Diaspora, das heißt, wir gehörten zur Minderheit der katholischen Gläubigen im sonst überwiegend evangelischen Berlin. In jeder Schulklasse waren im Höchstfall zwei katholische Kinder.

Im Krieg, in den meine Kindheit fiel, durfte in den Schulen kein Religionsunterricht erteilt werden, daher gingen wir zu diesem Zweck ins Pfarrhaus.

Der Weg war weit, vierzig Minuten benötigten wir, um ihn zurückzulegen. Mein Weggefährte war Frido G., der zwei Straßen entfernt von meinem Elternhaus wohnte. Wir beide pilgerten also bei Wind und Wetter, im Winter oft schon in der Dunkelheit, zu unserem Franzel.

Ja, so nannten wir unsern Pfarrer insgeheim und wenig respektvoll. Unsere Mütter, die sehr auf äußere Formen achteten, waren wenig erbaut davon.

Im Pfarrhaus trafen wir nicht nur Kinder aus den Parallelklassen sondern auch solche aus anderen Schulen. Natürlich kannten wir uns alle gut, begegneten wir uns doch außerdem allsonntäglich im Gottesdienst.

Es war ein imposantes Bild, unsern Franzel am Altar in vollem Ornat die Messe lesen zu sehen. Er machte etwas her. Dazu hatte er eine wunderbare

Stimme, die auch ohne Mikrofon spielend bis in den hintersten Winkel der Kirche drang.

Seine Predigten werde ich nie vergessen. Man kann sie nicht mit den Predigten der heutigen Zeit vergleichen, die lebensbezogener sind. Er sprach ausschließlich über das Evangelium, er »legte es aus«, wie man das nannte. Da sich das Evangelium mit dem Kirchenjahr wiederholte, ähnelten sich auch die Predigten, und wir boshaften Kinder warteten oft schon auf bestimmte Sätze, die alljährlich wiederkehrten.

Und dann erwarteten wir jeden Sonntag von neuem den Vulkanausbruch!

Franzel war ein großer Rethoriker. Er steigerte sich, während er auf der Kanzel stand, von Satz zu Satz, bis es ihn nicht mehr hielt, es riss ihn einfach davon, es kam über ihn: Wie eine Fanfare tönte seine Stimme durch das bis auf den letzten Platz besetzte Kirchenschiff, erzengelgleich stand er dort oben mit erhobener Hand, und seine Worte fielen wie ein Schwert auf die gesenkten Häupter seiner armen Pfarrkinder.

Wen wundert es da, dass Franzels Messen nie weniger als fünfundsiebzig Minuten dauerten, brauchte er für die Predigt allein doch wenigstens eine halbe Stunde. Wie liebten die Gläubigen die zweiten Feiertage an Weihnachten, Ostern und Pfingsten, wenn nicht gepredigt wurde!

Das stärkste Stück leistete Franzel sich jedoch bei einer anderen Gelegenheit.

Dazu muss vorausgeschickt werden, dass es in der Gemeinde immer auch einen Kaplan gab, der im Wechsel mit dem Pfarrer die Messen las. Während der eine Geistliche am Altar stand, saß der andere im Beichtstuhl. Es herrschte die Unsitte, die Zeit der Heiligen Messe auch zum Ablegen der Beichte zu nutzen. Empfing man doch früher regelmäßig das Bußsakrament, und der Weg zur Kirche war weit, was lag also näher, als zwei Fliegen mit einer Klappe zu schlagen, statt sich auch noch am Samstag Nachmittag damit zu belasten?

Eines Tages also saß Franzel im Beichtstuhl. Die Gemeinde bemühte sich, eine neue Messe einzustudieren, hatte es doch neue Gesangbücher gegeben. Der Organist versuchte, den Gläubigen die richtigen Töne beizubringen. Es klappte nicht hinten und vorne.

Da stürzte Franzel in wehendem Gewand aus dem Beichtstuhl, und mit erhobener Faust donnerte er zur Empore herauf: »Herr Organist, Herr Organist, sofort aufhören, so geht das doch nicht!«

Nach der Messe schritt meine Mutter zur Tat. Sie ging in die Sakristei und scheute sich nicht, unserem lieben Franzel den Kopf zurechtzusetzen. Er klopfte sich an die Brust und sprach die Worte. »Mea culpa, mea culpa, mea maxima culpa.« Dabei glitt ein spitzbübisches Lächeln über sein Gesicht.

Um dieses Lächelns willen liebten wir ihn. Verbarg sich unter seiner rauen Schale doch eine ganz große Herzensgüte, sicherlich aber auch eine gewisse Verletzlichkeit.

Franzel war nicht nur Priester, er war auch mit Leib und Seele Gärtner. Ganz besonders liebte er seine Obstbäume. Da fand man ihn dann angetan mit einer grünen Schürze und einem Okuliermesser in der Hand in seinem Gärtlein hinter dem Pfarrhaus.

Auch im Garten meiner Eltern gab es viele Obstbäume, aber auch einige sehr schöne Walnussbäume. Diese fanden Franzels Interesse, und er bat meine Mutter um einen Steckling. Wie glückstrahlend wies er mir nach einigen Jahren – mit Walnussbäumen muss man Geduld haben – die ersten Nüsse vor!

Es spricht für Franzels Charakter, dass er stets ein sehr gutes Verhältnis zu seinen Kaplänen hatte. Diese waren ja naturgemäß jünger als er und bei der Gemeinde dank ihres freieren Umgangstones sehr viel beliebter als ihr »Dienstherr«.

Trotz allem war Franzel der Vater der Gemeinde, oder vielleicht treffender gesagt, der Hirte seiner Schäflein, wenn diese das auch oft nicht erkannten.

So erlebten wir im Krieg eines Tages den ersten schweren Bombenangriff, der auch die Außenbezirke Berlins einschloss. Er fand nachts statt. Am nächsten Morgen schwang Franzel sich auf sein Fahrrad und suchte alle seine Pfarrkinder auf, um zu sehen, ob ihnen etwas geschehen war. Er musste weite Wege zurücklegen, denn seine Schäflein lebten wie gesagt »in der Zerstreuung«.

Er stieß dabei auf ein völlig zerstörtes Haus, in dem eine Familie mit sechs Kindern gewohnt hatte, die nun obdachlos geworden war. Sie fand umgehend Aufnahme im Pfarrhaus, bis die Familie auf andere Haushalte in der Gemeinde verteilt werden konnte. Auch meine Eltern nahmen ein Kind auf.

Als der Krieg fortschritt, ereilten uns die Bombenangriffe auch am Tage. Wieder einmal befanden wir Kinder uns zum Religionsunterricht im Pfarrhaus, als die Sirenen ertönten. Franzel schickte die Kinder, die nah bei der Kirche wohnten, sofort nach Hause. Meinen Freund Frido und mich behielt er bei sich, bis Entwarnung gegeben wurde.

Wir verließen das gastliche Haus, nicht ohne vorher eine umwerfende Entdeckung gemacht zu haben. Franzel, dem es wohl zu warm geworden war, öffnete am Hals seine hochgeschlossene Soutane, dieses bodenlange Priestergewand, das ein Geistlicher, der auf sich hielt, damals noch während seines Dienstes trug. Und siehe da, unter den dreiunddreißig schwarz bezogenen Knöpfen, die an die dreiunddreißig Lebensjahre Christi erinnern sollten, kam ein Reißverschluss hervor! Von diesem Tag an war der Sockel, auf dem unser Franzel stand, nicht mehr ganz so hoch.

Im Sommer 1943 verließ ich Berlin. Meine Eltern hatten mich zunächst nach Würzburg, später in ein Internat nach Neustadt an der Dosse geschickt, damit ich den zunehmenden Bombenangriffen und dem damit verbundenen ständigen Schulausfall nicht länger ausgesetzt sein sollte.

Im Mai 1944 war der Tag meiner Erstkommunion, den ich nun nicht von Franzel geführt begehen konnte. Erst im Sommer 1945 sollte ich ihn wieder sehen. Die Naziherrschaft hatte ein Ende gefunden. Damit stand der Erteilung des Religionsunterrichtes in der Schule nichts mehr im Wege. In den Stundenplan wurde er allerdings nicht einbezogen. Also erschien Franzel per Fahrrad mittags zur siebenten Stunde in unserer Schule, wo wir ihn freudig erwarteten, obgleich wir um diese Zeit nicht mehr allzu munter waren.

Trotzdem stach uns oft der Hafer, und wir spielten Franzel so manchen Schabernack. Er nahm uns aber nie etwas übel, sondern schmunzelte nur über uns Kindsköpfe. Auch hörte er immer geduldig zu, wenn wir ihm unsere Erlebnisse berichteten – nach der Unterrichtsstunde, versteht sich!

Die Jahre vergingen, wir waren erwachsener geworden. Viele gute Gespräche haben wir mit unserem Pfarrer geführt. Durch sein Vorbild und seine Erziehung wurden wir zu mündigen Christen in einer oft unchristlichen Welt.

FRANZEL

QUELLENANGABEN

Deutsche Bauzeitung (XLIII. Jahrgang, Nr. 28, Berlin, d. 7. April 1909)

Festschrift zur Konsekration der Herz-Jesu Kirche zu Zehlendorf-Berlin, 1908, S. VII

Festschrift zum 50. Kirchweihjubiläum der Herz-Jesu Kirche, 1958

„Kirche und Gemeinde Herz-Jesu Zehlendorf", Heft zum 75. Kirchweihjubiläum 1983

„Katholische Kirche Herz-Jesu Zehlendorf", Kirchenführer der katholischen Pfarrgemeinde Herz-Jesu Zehlendorf, 2004

Tacke, Andreas; Kirchen für die Diaspora – Die Berliner Kirchen von Christoph Hehl, Gebr. Mann Verlag Berlin, 1993

Besonderer Dank gilt dem Heimatverein Zehlendorf für die Bereitstellung einiger Dokumente und Fotos.

Abbildungen:

Abb. 1 u. 2	Postkarten
Abb. 3-8	private Fotografien
Abb. 9-11	Pfarrchronik Herz-Jesu
Abb. 12-14	Bernhard Krüger
Abb. 18-19	Martin Surma
Abb. 20	Federzeichnung aus der Festschrift zur Konsekration der Herz-Jesu Kirche
Abb. 21	Ausschnitt aus den Bauzeichnungen von Prof. Hehl, Pfarrarchiv
Abb. 22-31	Martin Surma
Abb. 33	Martin Surma
Abb. 32 u. 34	Pfarrarchiv
Abb. 35-48	Martin Surma
Abb. 49 u. 50	Bernhard Lewicz

BERLIN STORY
BUCHHANDLUNG & VERLAG

Sven Scherz-Schade

KIRCHEN IN BERLIN
KIRCHEN, SYNAGOGEN, MOSCHEEN UND TEMPEL
240 Seiten, 12,5 x 20,5 cm, 19,80 €
ISBN 978-3-929829-29-7

Jeder soll nach seiner Façon glücklich werden, das war zur Zeit Friedrichs des Großen einmalig in Europa – und diese Toleranz blieb dominierende Geisteshaltung in Berlin. Eine unkirchliche Stadt? Es scheint nur so. In dieser kurzen Kirchengeschichte stehen die Menschen im Mittelpunkt, die Pfarrer, die Gemeinden, die Widerstandskämpfer, immer im Spiegel der politischen Verhältnisse und der religiösen Standpunkte. Architektur und Kunstgeschichte charakteristischer Gotteshäuser werden vorgestellt.

Sven Scherz-Schade ist Journalist für Kirchenzeitungen und den Hörfunk, studierte an der Humboldt Uni sowie der TU, wo er 2004 promovierte. Er lebt und arbeitet in Berlin als freier Journalist für Hörfunk und Zeitung. Vorrangig widmet er sich dabei Themen zu Kultur und Kulturpolitik, zu Religion, Kirche und Gesellschaft. Er veröffentlicht unter anderem bei den Hörfunksendern InfoRadio und SWR2 und schreibt für die Kirchenzeitungen „Die Kirche" und „Katholische Sonntags Zeitung".

WWW.KIRCHEN-IN-BERLIN.DE

Marina Wesner /KreuzbergMuseum (Hg.)

KREUZBERG UND SEINE GOTTESHÄUSER
KIRCHEN – MOSCHEEN – SYNAGOGEN – TEMPEL
240 Seiten, 12,5 x 20,5 cm, 19,80 €
ISBN 13: 978-3-929829-75-4

Ganz zu Recht gilt Kreuzberg als der bunteste Bezirk der Stadt. Natürlich ist ein zentraler Aspekt das Miteinander verschiedener Religionen. Und so gibt das Thema des »Tag des offenen Denkmals« in Kreuzberg – »Orte der Einkehr und des Gebets – Historische Sakralbauten« – den passenden Rahmen für diesen umfassenden Überblick über die Gotteshäuser in Berlins multikulturellem Bezirk.

Marina Wesner studierte Architektur und Geschichte. Sie lebt in Berlin und arbeitet freiberuflich als Ingenieurin und freie Autorin. Ihre Schwerpunkte liegen in der Erforschung und Dokumentation der Geschichte von Bauwerken und ihrer Nutzer. Bereits während des Studiums entwickelte sie ein großes Interesse an Gotteshäusern.

WWW.KREUZBERGMUSEUM.DE

ALLES ÜBER BERLIN
Bücher (2500 Titel), Reiseführer in 12 Sprachen, CDs – DVDs – Videos, Poster – Souvenirs – T-Shirts, Original Mauersteine, Pläne, neu & historisch

FILM »THE MAKING OF BERLIN«
25-Minuten-Film über Berlin
(Eintritt frei)

AUSSTELLUNG
Historisches Berlin, Drittes Reich, Mauer, Berlin heute

TÄGLICH 10–22 UHR,
SONNTAGS GEÖFFNET

BERLIN STORY
Wieland Giebel GmbH
Unter den Linden 26
10117 Berlin
Tel.: 030/20 45 38 42
Fax : 030/20 45 38 41
E-Mail: Service@BerlinStory.de

WWW.BERLINSTORY.DE